FACULTÉ DE DROIT DE PARIS.

THÈSE

POUR

LE DOCTORAT,

SOUTENUE

Par Louis De Vergès,

AVOCAT A LA COUR IMPÉRIALE DE PARIS.

PARIS,

VINCHON, Fils et Successeur de Mme Veuve BALLARD,

Imprimeur de la Faculté de Droit de Paris,

RUE JEAN-JACQUES ROUSSEAU, 8.

1853.

THÈSE
POUR LE DOCTORAT.

L'acte public sur les matières ci-après sera soutenu,
le jeudi 13 janvier 1853, à une heure

Par Louis DE VERGÈS, né à Limours (Seine-et-Oise).

Avocat à la Cour impériale de Paris.

Président : M. DEMANTE, professeur.

SUFFRAGANTS : MM. PELLAT, VALETTE, PERREYVE, Professeurs.
RATAUD, Suppléant.

*Le Candidat répondra en outre aux questions qui lui seront
faites sur les autres matières de l'enseignement.* —

PARIS,

VINCHON, FILS ET SUCCESSEUR DE Mme Ve BALLARD
IMPRIMEUR DE LA FACULTÉ DE DROIT,
rue J.-J. Rousseau, 8.

—

1853.

A MON PÈRE, A MA MÈRE.

DE LA PRIVATION TOTALE DES DROITS CIVILS

Par suite de condamnations judiciaires.

PRÉLIMINAIRES.

L'homme en société a deux sortes de droits : les droits politiques, qui existent en vertu de lois établissant les rapports entre les citoyens et l'État ; les droits civils, en vertu de lois établissant les rapports des citoyens entre eux. La considération dont jouit un citoyen se calcule sur l'étendue des droits dont il a la jouissance ou l'exercice ; aussi la loi dut-elle chercher, dans la privation totale ou partielle de ces droits, un moyen facile de graduer les peines selon les crimes qu'elle pouvait avoir à réprimer.

La loi frappe le criminel, pendant la durée de sa peine, en le mettant en état d'interdiction légale (art. 29 du Code pénal) ; à l'expiration de la peine, elle prononce contre lu la dégradation civique (art. 28 et 34 du même Code). Dans des cas moins graves, elle permet au juge, d'après les circonstances de l'affaire et le degré de culpabilité du prévenu, d'interdire, en tout ou en partie, l'exercice de certains droits civiques, civils et de famille (art. 42 du Code pénal). Jusqu'ici rien que de juste ; si les hommes méconnaissent leurs devoirs, ils sont punis par la privation de leurs droits. Mais certains criminels osent s'attaquer à des droits sans lesquels la société ne saurait exister. Alors cette société, outre les peines principales portées contre eux, a dû les retrancher de son sein et les priver entièrement des droits qu'elle leur avait conférés. Cette peine, que l'on a si éner-

giquement appelée mort civile, toujours accessoire, se retrouve dans le droit romain, le droit français ancien, et
aussi dans notre droit français actuel. Consacrée par une
si haute antiquité, adoptée par des législations si différentes, est-elle juste? est-elle morale, surtout? Cette
question se représentera plus tard, et la réponse trouvera
naturellement sa place à la fin de cette thèse.

Il ne serait pas sans intérêt d'examiner successivement
les différentes privations de droits dont peut être affecté un
citoyen : privation de droits politiques, civils ou de famille;
privation totale ou partielle; privation accessoire ou principale; privation résultant ou non de condamnations judiciaires. Mais il faudrait, pour cela, outrepasser les limites
dans lesquelles doit se renfermer ce traité; et nous nous
bornerons à étudier en droit romain, en droit français
ancien, en droit actuel, la privation totale des droits civils
par suite de condamnations judiciaires; nous verrons à la
suite de quelles condamnations cette privation vient affecter
l'état du citoyen, à quel moment commence cette privation,
quels sont ses effets, et comment elle prend fin.

PREMIÈRE PARTIE.

DROIT ROMAIN.

SOMMAIRES.

1. De l'état du citoyen romain. — Étymologie de l'expression *capitis deminutio*.
2. Des effets des trois *capitis deminutio*.—Elles pouvaient être encourues sans aucune condamnation.
3. Des condamnations capitales.
4. Condamnations à mort.—Comment on éluda la défense d'y soumettre les citoyens romains.
5. Condamnations *in metallum, in ludum venatorium*.
6. Servitude de la peine. —Disposition de la Novelle 22.
7. Interdiction de l'eau et du feu.— Déportation.—Relégation.
8. Condamnations militaires.
9. La privation des droits civils date de la condamnation. — Exception pour les crimes de lèse-majesté.
10. Les condamnés perdent en général ce qui est du droit civil, et conservent ce qui est du droit des gens.
11. Il était impossible de contracter mariage après la condamnation.—Pour celui qui existait antérieurement, distinction entre la *maxima* et la *media capitis deminutio*.
12. La puissance paternelle était dissoute.
13. La tutelle cessait par la condamnation du pupille ou du tuteur.
14. Les actions publiques étaient interdites au condamné; les actions civiles étaient permises.
15. Le condamné ne pouvait être témoin ni dans un acte, ni en justice.
16. Les contrats onéreux étaient permis au condamné.

---

1. L'état de tout citoyen romain se composait de la réunion de trois éléments principaux : *La liberté, id est naturalis facultas ejus quod cuique facere libet, nisi si quid vi aut jure prohibetur.* — *La cité*, c'est-à-dire la faculté de jouir de tous les avantages attachés à la qualité de citoyen romain. — *La famille*, c'est-à-dire la jouissance des droits d'agnation : étaient agnats, ceux qui étaient ensemble sous la puissance du même père de famille, ou qui s'y trouveraient, s'il existait encore.

L'homme qui avait cet état complet du citoyen romain, qui jouissait de la liberté, des droits de cité et de famille, s'appelait *caput*, parce qu'il était compté comme une tête dans les assemblées du peuple. On fut conduit, ensuite, à appeler *caput* cet état complet du citoyen. « S'il perdait « quelqu'une de ces qualités, comme cette perte « diminuait nécessairement ses facultés et retran- « chait quelque chose de son état, on appelait ce « changement *capitis deminutio.* » Telle est l'étymologie que donne Richer de l'expression *capitis deminutio*; mais il s'appuie sur ce que *caput* en est arrivé, par extension, à signifier l'état complet du citoyen romain; et cela est difficile à justifier, ce nous semble; le § 4 du titre *de capitis demiminutione*, dit, en parlant de l'esclave, *nullum caput habuit.* La phrase signifie simplement que l'esclave ne compte nulle part pour une tête, et non pas que l'esclave n'a aucun des droits du citoyen.

Une autre explication, donnée par Hotoman, répétée par d'autres auteurs, adoptée récemment par MM. Ducaurroy et Ortolan, nous paraîtrait bien préférable. On considère les trois éléments de l'état du citoyen, la liberté, la cité et la famille; et, selon que le citoyen sera privé de la liberté, de la cité, ou de ses droits d'agnation dans une famille, on dit que, dans la classe des hommes libres, des citoyens, des agnats, il y a une tête de moins. Dans le sens primitif, le mot *deminutio* devait s'appliquer à la classe qui perdait un de ses membres, et non au membre luimême; ce n'est que par une transposition d'idées, qu'on l'a fait tomber sur ce dernier et que l'on a dit qu'il était *capite minutus.*

2. Il y avait trois sortes de *capitis deminutio* : la

grande, la moyenne et la petite. La grande faisait perdre la liberté, les droits de cité et de famille; la moyenne, les droits de cité et de famille, l'individu conservant la liberté; la petite
ne faisait perdre que les droits d'agnation dans
la famille que l'on quittait; mais ils n'étaient
pas perdus d'une manière absolue; le citoyen les
acquérait dans une autre famille, ou devenait
chef de famille lui-même. Cette *minima capitis
deminutio* n'affectait en rien le citoyen sous le
rapport de ses droits civils; elle ne rentre donc
pas dans notre sujet.

Le citoyen, qu'il encourût la *maxima* ou la
media capitis deminutio, perdait les droits de cité
et de famille; mais, dans le premier cas, la perte
de la liberté était une aggravation de peine n'existant pas dans le second. Quant aux droits de cité
et de famille, la position est la même pour les
deux cas: ils sont perdus complétement.

La *maxima* et la *media capitis deminutio* pouvaient frapper un citoyen romain, sans qu'aucune
condamnation judiciaire fût intervenue. Ainsi,
d'après le sénatus-consulte Claudien, la femme
libre qui avait eu commerce avec un esclave
malgré le maître de celui-ci, devenait esclave
elle-même, après l'accomplissement de certaines
formalités. L'homme libre qui se faisait vendre
frauduleusement pour partager le prix de la vente,
encourait aussi la *maxima capitis deminutio*. Per-
daient les droits de cité seulement, ceux qui
abandonnaient les aigles romaines pour passer

dans les rangs ennemis; ceux encore que le sénat avait déclarés ennemis, en les privant du droit de cité.

Nous laisserons de côté ces différents cas, nous bornant à la perte des droits de cité par suite de condamnations judiciaires. Sous ce point de vue, la *maxima* et la *media capitis deminutio* sont toutes deux l'accessoire d'autres peines; leurs résultats sont les mêmes; nous pourrons donc les confondre dans le même examen.

CHAPITRE Ier.

QUELLES CONDAMNATIONS EMPORTAIENT PRIVATION DES DROITS CIVILS.

3. On appelle généralement condamnations capitales celles qui emportent privation des droits civils, soit qu'elles se bornent à cette privation, soit qu'elles aillent jusqu'à priver de la liberté.

Les condamnations qui privaient et de la liberté et des droits de cité étaient :

4. La *condamnation à mort*, de quelque manière qu'elle fût exécutée. Nous voyons dans le Digeste que les modes d'exécutions étaient la potence, la croix, la décollation, la fustigation jusqu'à la mort, etc. Quelquefois aussi on condamnait aux bêtes, c'est-à-dire à être, dans l'amphithéâtre, livré aux bêtes sans moyens de défense, condamnation qu'il ne faut pas confondre

avec une autre qui lui ressemble en apparence, la condamnation *in ludum venatorium*.

Ces peines étaient appliquées autrefois aux citoyens romains ; mais en l'an de Rome 684, la loi *Porcia*, rendue par M. Porcius Cato, tribun du peuple, sous le consulat de Valerius et d'Apuleius, défendit, sous des peines graves, aux magistrats de faire frapper les citoyens et de les faire mourir, permettant seulement de les envoyer en exil ; mais cette loi, peu observée sous la République, tomba en désuétude sous l'Empire. On avait, du reste, imaginé un moyen fort ingénieux d'en éluder l'application : c'est la servitude de la peine. Celui qui était condamné au dernier supplice perdait de ce moment le droit de citoyen et la liberté (1). Aussi le juge pouvait-il condamner un citoyen : de ce moment il avait perdu son privilége de citoyen, et la sentence ne s'exécutait que sur un individu esclave de la peine.

5. La condamnation *in metallum , vel in opus metalli.* Le résultat de ces deux condamnations était le même quant à l'état du condamné : il devenait esclave de la peine ; mais dans le premier cas il était chargé de chaînes plus pesantes que dans le second.

La condamnation *in ludum venatorium.* Elle différait de la condamnation aux bêtes en ce que d'après celle-ci le condamné devait mourir dans

____

(1) Dig., liv. 48, tit. 19, loi 29.

l'année du jugement, tandis que le condamné *in ludum venatorium*, combattant les bêtes, pouvait échapper à la mort, et, après un certain temps, obtenir la liberté. Cette peine fut supprimée par une constitution de Constantin qui est insérée au Code, livre 11, titre 43, mais qui tomba bientôt en désuétude. Valentinien l'aîné exempta de cette peine les chrétiens et les palatins, et plus tard Honorius la supprima sans retour.

6. Toutes ces peines emportaient la servitude de la peine ; le condamné alors n'appartenait à personne, n'acquérait pour personne, pas même pour le fisc. Justinien, par la Novelle 22, ch. 8, abrogea la servitude de la peine. Il semble ne parler que de la condamnation aux mines, ce qui pourrait faire croire que le criminel condamné aux autres peines devenait encore esclave. Mais ce n'est que comme exemple que Justinien nomme la peine des mines, car nous voyons dans la Novelle cette phrase concluante : « Nullum ab initio « bene natorum ex supplicio permittimus fieri « servum. » A partir de cette Novelle, ces condamnés conservent la liberté et rentrent dans notre seconde catégorie.

Les condamnations qui ne privaient que des droits de cité, indépendamment des précédentes après la Novelle 22, étaient :

7. *L'interdiction de l'eau et du feu.*—Il était admis qu'un citoyen romain ne pouvait perdre les droits de cité qu'en les aliénant lui-même ; lors donc que l'on voulait chasser quelqu'un de la ville, on

éfendait de lui fournir un asile et aucune des choses nécessaires à la vie, ce qui le mettait dans la nécessité de quitter le sol romain, de se retirer dans une autre ville et d'en devenir citoyen. Il perdait alors de fait et comme volontairement les droits de citoyen romain, car on considérait comme une règle de droit que personne ne pouvait être citoyen de deux villes (Cicéron, *pro domo sua*). Cette peine tomba peu à peu en désuétude quand la déportation commença à être en usage. Mais entre ces deux peines il y avait une différence essentielle, en ce que l'interdit devait quitter l'empire, mais pouvait en dehors habiter où il voulait, et que le déporté, au contraire, avait un lieu fixé pour sa résidence.

La *déportation*, sans cette différence, arrivait au même résultat que l'interdiction de l'eau et du feu ; laissant au condamné la liberté, mais le privant de ses droits de cité.

Il ne faut pas confondre la déportation avec la relégation ou exil : « Magna est differentia inter « deportationem et relegationem ; nam depor- « tatio civitatem et bona adimit : relegatio neu- « trum tollit nisi specialiter bona publicentur. » Un autre texte prouve encore cette différence : « Sive ad tempus sive in perpetuum quis fuerit « relegatus, et civitatem romanam retinet, et tes- « tamenti factionem non amittit (1). »

8. Quel que fût le genre du crime pour lequel

____

(1) Dig., liv. 48, tit. 22, loi 14, § 1; et loi 7, § 3.

une de ces condamnations avait été prononcée, elle emportait privation des droits civils; il n'y avait pas même d'exception générale pour les délits militaires; dans ce dernier cas, sur un seul point, nous trouvons une dérogation particulière. La permission de disposer par testament de leur pécule *castrense* put d'abord être accordée aux militaires par la sentence de condamnation :

« Miles, in cum ex militari delicto capitali dicta
« sententia, permittenti eo in ipsa sententia qui
« damnavit, sicut testamenti faciendi ita fidei-
« commissi reliquendi potestatem consequi-
« tur (1). »

Plus tard, la permission générale leur fut donnée, mais seulement toujours pour le pécule *castrense*, et enfin un rescrit des empereurs Valérien et Gallien vint confirmer cette exception, en conservant la règle générale pour les autres biens (2).

CHAPITRE II.

A QUEL MOMENT COMMENCE LA PRIVATION DES DROITS CIVILS.

9. Sur cette question les textes abondent, tous d'accord entre eux ; aucun doute n'est possible. Dès le moment que la sentence était prononcée,

---

(1) Dig., liv. 32, loi 22, § 1.
(2) Dig., liv. 29, tit. 1, loi 11, proœmium; Code, liv. 6, tit. 21, loi 13.

le condamné n'avait plus aucun des droits du citoyen, que le jugement fût public ou non : « Quod
« ad statum damnatorum pertinet, nihil inte-
« rest; judicium publicum fuerit, necne; nam
« sola sentantia, non genus criminis spectatur;
« itaque hi, in quos animadverti jubetur, quive ad
« bestias dantur, confestim pœnæ servi fiunt (1). »
Peu importe qu'il se passe longtemps entre la sentence et l'exécution : « Qui ultimo supplicio
« damnantur, statim et civitatem et liberta-
« tem perdunt; itaque præoccupat hic casus mor-
« tem, et nonnumquam longum tempus occupat;
« quod accidit in personis eorum qui ad bestias
« damnantur; sæpe etiam ideo servari solent
« post damnationem, ut ex his in alios quæstio
« habeatur (2). » Ils seraient punis comme esclaves même avant l'exécution : « Qui ex causa in
« metallum dati sunt, et post hoc deliquerunt, in
« eos tanquam metallicos constitui debet, quam-
« vis nondum in eum locum perducti fuerint in
« quo operari habent. Nam statim, ut de his sen-
« tentia dicta est, conditionem suam permutant; »
et pour la déportation : « Quum in liberos homi-
« nes ex sententia fertur, quæ publicat eorum
« bona, qualis est in insulam deportatio, sta-
« tim a sententia priorem conditionem permu-
« tant...... (3). »

---

(1) Dig., liv. 48, tit. 19, loi 12.
(2) Id., loi 20.
(3) Dig., liv. 48, tit. 22, loi 19, § 1.

Dans le cas de crime de lèse-majesté, mais seulement celui appelé *perduellio*, une aggravation de peine avait lieu quant à l'époque de la privation des droits. La sentence de condamnation rétroagissait au jour du crime ; les actes que le condamné avait faits postérieurement au crime étaient annulés, et s'il mourait avant la condamnation on poursuivait contre ses héritiers. C'est ce que décide un rescrit des empereurs Sévère et Antonin : « Adeo ut divus Severus et Antoninus « rescripserint ex quo quis aliquod ex his causis « crimen contraxit, nihil ex bonis suis alienare « aut manumittere cum posse (1). »

CHAPITRE III.

DES EFFETS DE LA PRIVATION DES DROITS CIVILS.

10. On ne trouve pas dans le droit romain de règles bien positives relativement aux effets de la privation des droits civils. Quand le condamné était esclave de la peine, il perdait tout absolument. Mais, après que fut rendue la Novelle 22, les condamnés esclaves de la peine furent assimilés aux déportés. Ceux-ci pouvaient faire les actes dérivant du droit des gens : « Deportatus « civitatem amittit, non libertatem ; et speciali « quidem jure civitatis non fruitur, jure tamen « gentium utitur (2). » Mais cette règle n'est pas

---

(1) Dig., liv. 48, tit. 2, loi 20.
(2) Dig., liv. 48, tit. 22, loi 15.

suffisante pour la solution des questions qui peuvent se présenter ; il faut alors les examiner chacune séparément.

Ces effets se divisent en deux catégories distinctes : effets relativement aux personnes, effets relativement aux choses.

SECTION Ire.

Des effets relativement aux personnes.

§ 1er. Du mariage.

11. A Rome les citoyens seuls étaient capables de contracter mariage ; ceux qui avaient encouru la *maxima* ou la *media capitis deminutio* avaient perdu les droits de cité, ils n'étaient plus citoyens romains ; ils ne pouvaient donc plus se marier.

Mais le mariage contracté antérieurement à la condamnation était-il dissous? Il faut ici faire une distinction ; si le condamné était esclave de la peine, le mariage était considéré comme dissous; c'est ce que prouve la Novelle **22.** Celle-ci dispose en effet péremptoirement que dorénavant le mariage subsistera : « Maneat igitur matrimonium, « hoc nihil ex tali decreto læsum, utpote inter « liberas personas consistens. » Pour les condamnés à la déportation, à défaut de textes, la même Novelle prouverait que le mariage subsistait, ou du moins pouvait subsister ; mais la loi suivante résout la question : « Quod si deportata sit filia-

« familias, Marcellus ait (quæ sententia vera est)
« non utique deportatione dissolvi matrimonium;
« nam, cum libera mulier remaneat, nihil prohi-
« bet, et virum mariti affectionem, et mulierem
« uxoris animum retinere (1). »

§ 2.—De la puissance paternelle.

12. La puissance paternelle, avec toute son
étendue, toute sa vigueur, était essentiellement in-
hérente au droit de cité à Rome : « Cum autem is,
« qui, ob aliquod maleficium, in insulam depor-
« tatur, civitatem amittit; sequitur ut, qui eo modo
« ex numero civium romanorum tollitur, perinde
« ac eo mortuo, desinant liberi in potestate ejus
« esse. Pari ratione, et si is, qui in potestate pa-
« rentis sit, in insulam deportatus fuerit, desinit
« in potestate parentis esse (2).— Si patri vel filio
« aqua et igne interdictum sit, patria potestas tol-
« litur, quia peregrinus fit, cui aqua et igne in-
« terdictum est; neque autem peregrinus civem
« romanum, neque civis romanus peregrinum
« in potestate habere potest (3). »

§ 3.—De la tutelle.

13. La tutelle étant de pur droit civil, la *maxima* et la *media capitis deminutio* du pupille la font

---

(1) Dig., liv. 48, tit. 20, loi 5.
(2) Inst., liv. 1, tit. 12, § 1.
(3) Ulp., reg., tit. 10, § 3.

cesser immédiatement, quelle que soit du reste l'origine de cette tutelle; il en faut dire autant quand c'est l'état du tuteur qui vient à être affecté par suite d'une condamnation. Les paragraphes 1 et 4 du titre 22 du livre Ier des Instituts sont explicites sur ce point. Mais il ne faudrait pas en conclure que la nomination d'un individu esclave de la peine ou déporté, faite dans un testament, fût nécessairement nulle. Si elle était faite pour le moment où le condamné aura recouvré ses droits de cité, elle était valable, seulement l'exécution de cette disposition était suspendue.

Ce que nous venons de dire pour la fin de la tutelle doit s'appliquer de même pour la fin de la curatelle.

§ 4. — Du droit d'ester en justice.

14. Il était interdit aux individus privés par condamnation des droits de cité d'intenter des poursuites criminelles; on craignait qu'ils ne se fissent trop facilement délateurs; leur condamnation les notait d'infamie et empêchait d'ajouter foi à leurs paroles. La loi 5 du titre Ier, livre 48, et les § 2, 3 et 4 de la loi 18 du titre XXIV, livre 49, au Digeste, sont formels sur ce point.

Mais aucun texte ne parle des actions civiles, et il est impossible de raisonner, par analogie, des accusations publiques aux jugements civils. D'un autre côté, le droit de poursuivre devant les magistrats d'un pays l'exécution d'une obli-

gation, est un droit purement civil et qui ne
peut appartenir qu'aux citoyens, et à ceux des
étrangers auxquels la loi l'aura expressément
conféré. Il faudrait donc décider que les condamnés privés de leurs droits civils ne pourraient
ester en justice, si la loi elle-même ne leur avait
pas accordé certains droits. Ainsi, à la loi 15 du
tit. XXII, liv. 48, au Digeste, nous voyons, en
parlant du déporté : « Emit enim et vendit,
« locat, conducit, permutat, fœnus exercet, et
« cætera similia. » Nous conclurons donc que,
comme conséquence nécessaire du droit de faire
les différents actes, vient le droit de suivre une
action en justice.

§ 5. — Du droit d'être témoin.

15. Il y a deux espèces de témoins :

1° Les témoins que l'on fait intervenir dans les
actes tant publics que privés. Pour ceux-là, la
loi n'a pas établi de règle générale ; mais il est
peu probable que l'on admît ceux qui avaient été
privés de leurs droits civils ; de plus, par analogie, en voyant la défense faite à tous ceux qui
n'étaient pas citoyens d'être témoins dans un testament, on doit conclure qu'ils ne pouvaient
l'être dans aucun acte.

2° Les témoins que l'on fait paraître en justice
pour attester la vérité de certains faits. Sur ce
point, on a des dispositions plus explicites ; outre
la règle générale, qui ordonne aux juges de n'ad-

mettre comme témoins que des personnes dont la vie est honnête et sans tache, le Digeste contient une décision expresse : « Lege Julia de vi « cavetur, ne hac lege in reum testimonium di-, « cere liceret....... Qui judicio publico damnatus « erit, qui eorum in integrum restitutus non « erit (1). »

SECTION II.

Des effets relativement aux choses.

La privation des droits civils n'est pas tellement absolue que celui qui en est frappé n'ait encore une certaine capacité relative à différents actes ; et là même où l'incapacité existe, il peut y avoir encore des difficultés à examiner. D'un autre côté, le condamné étant considéré comme mort vis-à-vis de la société, ce retranchement d'un individu donne nécessairement ouverture à certains droits au profit des tiers ; ce qui nous indique tout naturellement une subdivision de notre section : les incapacités qui résultent de la privation des droits civils, et les droits auxquels cette privation donne ouverture au profit des tiers.

§ 1er. — Des incapacités.

Les incapacités des individus privés des droits

____

(1) Dig., liv. 22, tit. 5, loi 3, § 5.

civils portent sur trois ordres de faits : les contrats onéreux, les donations et les successions.

16. I. *Contrats onéreux.* — Nous avons déjà dit que le condamné perd la qualité de citoyen, mais non la liberté ; qu'il ne jouit plus des droits spéciaux de la cité, mais qu'il conserve la jouissance du droit des gens. « En effet, continue le texte du Digeste, « il peut acheter, vendre, louer, faire le « commerce et autres actes semblables. » Cependant, les Constitutions impériales avaient apporté une certaine limite à ce droit de faire le commerce : il n'était pas permis à un déporté d'avoir plus de trois navires, ne contenant pas plus de mille amphores.

17. II. *Donations.* — Les donations entre-vifs par le condamné ne peuvent être considérées comme nécessaires au maintien de la vie naturelle qui lui est laissée ; de plus, ses biens, à sa mort, devant tomber par déshérence entre les mains du fisc, ces droits seraient illusoires, si les libéralités étaient permises. Malgré ces motifs, nous croyons que le condamné qui a subi la *maxima* ou la *media capitis deminutio* pourra faire ou recevoir une donation entre-vifs. C'est là, en effet, un acte du droit des gens que le condamné doit pouvoir faire, si aucune disposition ne lui en enlève le droit. La loi ne s'en explique pas, et cependant il eût été bien plus nécessaire de parler des donations que des libéralités testamentaires.

Les donations entre-vifs faites avant la condamnation, mais après le crime commis, seront

nulles : « Post contractum capitale crimen dona-
« tiones factæ non valent, ex constitutione divo-
« rum Severi et Antonini, si condemnatio secuta
« sit (1). — Ratæ donationes esse non possunt post
« crimen perduellionis contractum : cum heredem
« quoque teneat, et si nondum postulatus vita
« decesserit (2). »

Les donations testamentaires, au contraire, sont
interdites. Les condamnés ne pourront faire de
testaments; ils n'ont pas ce qu'on appelle en droit
romain la faction de testament. Cujas nous en
donne la raison en ces termes : « Suæ igitur pa-
« triæ et civitatis legibus et moribus quisque
« testari debet; et deportati testamentum facere
« non possunt, quod nullius sint certæ civi-
« tatis cives ut secundum leges suæ civitatis tes-
« tantur. » Il lui était de même interdit de recevoir des legs; ceux qui lui étaient faits étaient
nuls, et n'appartenaient pas même à l'empereur.
Quand la servitude de la peine fut supprimée, ces
legs furent toujours nuls, car ce sont là des droits
de pur droit civil.

Il était cependant permis de faire ou de recevoir un legs d'aliments : « Cum Ulpianus Dama-
« scenus rogasset imperatorem ut sibi permitteret
« matri relinquere ad victum necessaria, utpote
« per libertum, ut quædam sibi liceret filio de-
« portato relinquere, imperator Antoninus eis

---

(1) Dig., liv. 39, tit. 5, loi 15.
(2) Dig., liv. 39, tit. 5, loi 31, § 1.

« rescripsit in hunc modum : neque hæreditas,
« neque legatum, neque fideicommissum contra
« mores et jus publicum hujus modi personis
« relinqui potest, nec conditio harum perso-
« narum mutari debet. Quod vero pie rogastis,
« liceat vobis, ultima voluntate eis ad victum, et
« alios usus necessarios sufficientes relinquere,
« eisque ex hac causa relicta capere (1). »

Une autre exception existait encore dans le cas
de testament fait par un militaire. Ceux-ci pouvaient laisser leurs biens à qui ils voulaient,
comme nous le voyons par la loi suivante : « Ex
« testamento militis, sive adhuc in militia, sive
« intra annum missus honeste decessit, hereditas
« et legata quibus relicta sunt, debentur. Quia,
« inter cætera quæ militibus concessa sunt, libe-
« rum arbitrium quibus velit relinquendi, supre-
« mis judiciis suis concessum est, nisi lex specia-
« liter eos prohibuerit (2). » Et aucune loi ne vint
prohiber les dispositions en faveur de déportés
par un militaire; bien plus, le déporté pouvait en
recevoir un fidéicommis : « Si miles deportato
« fideicommissum reliquerit, verius est, quod et
« Marcellus probat, capere eum posse (3). »

18. III. *Successions*. — Le citoyen qui avait
encouru la *maxima* ou la *media capitis deminutio*
perdait avec la cité ses droits de famille. Au point

----

(1) Dig., liv. 48, tit. 22, loi 16.
(2) Code, liv. 6, tit. 21, loi 8.
(3) Dig., liv. 32, loi 7, § 1.

de vue civil, il n'avait plus de parents ; il ne succédait donc à personne et personne ne lui succédait ; car le droit de succession est un des plus
importants que la loi civile ait donnés aux différents membres d'une même famille. Le fisc,
propriétaire de tous les biens vacants, s'emparait
par droit de déshérence de ceux que le condamné
avait acquis depuis sa condamnation et qu'il
laissait à sa mort.

Des exceptions importantes furent apportées à
ce principe. Ainsi nous voyons au Digeste : «Qui
« operas suas, ut cum bestiis pugnaret, locavit,
« quive rei capitalis damnatus, neque restitutus
« est, senatus-consulto Orphitiano, ad matris he
« reditatem non admittebatur. Sed humana in
« terpretatione placuit eum admitti (1). »

Une constitution de Théodose et Valentinien (2)
modifie aussi les règles relativement à la succession du condamné qui vient à mourir. S'il laissait
des fils, ou des petits-fils issus de fils du défunt,
le fisc ne devait prendre que la moitié, le reste
était pour les fils ; si le condamné avait été décurion, et qu'il mourût sans enfants, la totalité de
ses biens passait à la curie, qui les gardait ou les
transmettait à quelqu'un qui alors succédait au
décurion dans ses fonctions. S'il laissait des fils,
ceux-ci avaient tous les biens ; si quelqu'un
d'entre eux était décurion, il prenait la moitié,

____

(1) Dig., liv. 38, tit. 17, loi 1, § 6.
(2) Code, liv. 9, tit. 19, loi 10.

l'autre moitié étant partagée également entre les autres. S'il laissait des filles seulement, celles-ci avaient la moitié à partager entre elles, l'autre moitié restant à la curie.

§ 2. — Des droits des tiers.

Nous avons à examiner quels sont les droits auxquels la privation des droits civils donne ouverture au point de vue de la confiscation, des fidéicommis, de l'usufruit et des sociétés.

19. I. *Confiscation.* — La confiscation est l'adjudication au fisc des biens des condamnés. Ce surcroît de peine n'était pas connu sous le régime républicain; nous voyons dans Cicéron cette phrase qui le prouve : « Tam moderata judicia « populi sunt a majoribus constituta, ut ne pœna « capitis cum pecunia conjungatur. » Au temps de Sylla, la loi Cornélia, *de proscriptis,* déclarait les biens des proscrits confisqués. Particulière d'abord aux condamnations pour crimes politiques, la confiscation devint bientôt la conséquence de toute condamnation capitale. En principe, tous les biens étaient confisqués, mais on dérogea à cette règle en faveur du conjoint et des héritiers.

20. Si le mari encourait la *maxima* ou la *media capitis deminutio,* la femme pouvait reprendre sa dot et tous ses autres biens de quelque façon qu'elle les eût acquis, même par donation pendant le mariage (1). Justinien même alla plus loin,

---

(1) Code, liv. 9, tit. 49, loi 9.

il voulut que l'on fît distraction d'une partie des biens du mari, pour tenir lieu de dot à la femme si elle n'en avait pas apporté. « Si vero sine dote « talibus personis conjunctæ fuerint, a legibus « definitam partem de tota substantia condemnati « eas accipere, sive filios habeant, sive non (1). » La portion, que Justinien dit ici déterminée par la loi, est le quart de la totalité des biens (2).

Si, au contraire, c'était la femme qui était condamnée, il faut faire une distinction entre la dot et les autres biens à elle appartenant. Ces biens suivaient le droit commun et étaient confisqués. Quant à la dot, elle ne l'était que si la femme avait été condamnée en vertu d'une des cinq lois suivantes : « Julia majestatis, Julia vis publicæ, « Pompeïa de parricidiis, Cornelia de veneficiis, « Cornelia sicariis ; » et encore le mari avait action contre le fisc pour se faire tenir compte des dépenses utiles et nécessaires faites dans l'intérêt des deniers dotaux. Si la femme encourait la *maxima capitis deminutio* pour d'autres crimes que ceux prévus par les cinq lois que nous venons de mentionner, la femme perdait sa dot, que le mari acquérait. Si la peine n'emportait que la *media capitis deminutio*, nous savons que le mariage n'était pas dissous nécessairement, que cela dépendait de la volonté des époux. Si le mariage subsistait, le mari gardait la dot pour fournir à sa

---

(1) Novelle 134, chap. 13.
(2) Novelle 117, chap. 5.

femme les aliments et l'entretien nécessaires. Si le mariage était dissous et que la femme fût sous la puissance de son père, celui-ci pouvait répéter la dot contre le mari; dans le cas contraire, la femme n'avait pas, dans l'ancien droit, d'action pour répéter sa dot, qui alors restait au mari; mais dans la suite l'humanité lui fit donner cette action.

21. Il y eut aussi, en faveur des héritiers, un adoucissement apporté à la rigueur de la confiscation. D'abord ce furent de simples faveurs particulières accordées par les empereurs, on cite au Digeste un rescrit d'Adrien, qui accorda aux enfants d'un certain Albin la totalité des biens laissés par leur père. Des lois au Digeste disent aussi qu'une certaine quotité des biens du père sera donnée aux enfants. « Etiam hi qui ante con
« cepti, et post damnationem nati sunt, portionem
« ex bonis patrum damnatorum accipiunt (1). —
« Liberis ita demum portio tribuitur, si justis nu
« ptiis nati sunt. — Ex bonis damnatorum portiones
« adoptivis liberis, si non fraudis causa facta est
« adoptio, non minus quam naturalibus concedi
« æquum est. » Mais quelle était cette quotité, *portio*, que nous voyons toujours répétée? Nous ne saurions le dire; du reste, quelle qu'elle fût, elle ne leur était pas accordée quand le fisc ne confisquait que la moitié des biens : « Liberis ejus,
« cui pars duntaxat bonorum ablata est, partes
« non dantur. »

---

(1) Dig., liv. 48, tit. 20, loi 1.

Justinien (1) adoucit encore ces rigueurs, en décidant que si le condamné laissait des descendants, ou des ascendants jusqu'au troisième degré, ils auraient la totalité des biens à l'exclusion du fisc; une seule exception était apportée à cette faveur, pour le cas de crime de lèse-majesté.

22. II. *Fidéicommis.*—Parmi les nombreuses et si différentes espèces de fidéicommis, nous n'avons à nous occuper que de celui par lequel un individu, héritier ou légataire, est tenu de conserver ce qu'il a reçu pour le rendre à un second héritier ou légataire après sa mort.

La perte des droits civils peut-elle, sous ce double point de vue, être assimilée à la mort naturelle? Pour résoudre cette question il faut faire une distinction : laquelle des deux *capitis deminutio* le condamné a-t-il éprouvée? Si c'est la *maxima,* nous voyons que *servitus morti adsimilatur,* et autre part, « si servus pœnæ fuerit « constitutus, nullo ante concepto filio, decessisse « sine liberis videtur. » Les droits des tiers dans ce cas sont ouverts comme si la mort naturelle avait frappé le grevé.

Mais si, au contraire, le fiduciaire n'a été que déporté, *restitui in civitate potest;* tant que cet espoir existe, la mort ne l'a pas encore frappé définitivement, et l'on ne peut dire que la chose soit due au fidéicommissaire. Telle est la décision formelle de la loi : « Hereditatem filius cum mo-

____

(1) Novelle 134, chap. 13.

« reretur filiis suis vel cui ex his voluisset resti-
« tuere fuerat rogatus; quo interea in insulam
« deportato, eligendi facultatem non esse pœna
« peremptam placuit : nec fideicommissi condi-
« tionem ante mortem filii heredis existere (1). »

Nous devons donner la même solution dans le cas d'un legs fait sous une condition à remplir par le légataire. Si celui-ci subit la *maxima capitis deminutio* avant l'accomplissement de la condition, le legs est nul; il sera en suspens si le condamné n'est que déporté. Remarquons de plus que cette distinction se pouvait faire avant la Novelle **22**; depuis ce temps la servitude de la peine n'existe plus, le condamné n'est plus absolument considéré comme mort, et il n'y a plus de différence entre la *maxima* et la *media capitis deminutio.*

23. III. *Usufruit.* — Les droits d'usufruit sont exclusivement attachés à la personne; la personne première change, ou s'annule complétement par l'une des trois *capitis deminutio,* l'usufruit doit donc s'éteindre en même temps. « Morte
« quidem usufructuarii, et capitis deminutione
« eum tolli omnibus concedentibus (2). » Justinien modifia cette décision : « Finitur ususfruc-
« tus..... duobus capitis deminutionibus, maxima
« et media. » Aucun doute n'est possible à ce

---

(1) Dig., liv. 31, loi 77, § 4.
(2) Code, liv. 3, tit. 33, loi 16, proœmium.

sujet; toujours ces deux changements d'état ont amené la fin de l'usufruit.

La question n'est pas aussi simple en ce qui concerne le droit d'habitation, et les legs faits « in singulos annos, vel menses, vel dies. »

Richer soutient que le condamné conserve ces différents droits, même après qu'il a encouru la *maxima* ou la *media capitis deminutio*, s'appuyant pour cela et sur le principe qui lui permet de recevoir des aliments, et sur les textes de deux lois au Digeste : « Legatum in annos singulos, vel « menses singulos relictum, vel si habitatio le- « getur, mente quidem legatarii legatum inter- « cidit, capitis tamen deminutione perseverat; « videlicet quia tale legatum in facto potius quam « jure consistit (1).— In singulos annos relictum « legatum simile est usufructui, cum morte finia- « tur : sane capitis deminutione non finitur, cum « ususfructus finiatur (2). »

24. Nous pensons au contraire que les droits du légataire de l'habitation ou d'un legs *in singulos annos* sont perdus pour lui s'il vient à être privé des droits civils. Qu'un legs d'aliments ait été fait *in singulos annos*, ou autrement, il sera toujours maintenu, mais le condamné est incapable de profiter de toute autre libéralité testamentaire. Les deux lois que cite Richer ne prouvent rien en faveur de son opinion. *Capitis deminutio* dans

---

(1) Dig., liv. 4, tit. 5, loi 10.
(2) Dig., liv. 33, tit. 1, loi 8.

ces textes veut dire, non pas l'un quelconque des
trois changements d'état, mais le dernier, et cette
théorie peut s'expliquer historiquement. Autrefois l'usufruit s'éteignait par toute *capitis deminutio;* lors donc que l'on voulait faire un legs de
revenus qui ne pût se perdre par le changement
de famille du légataire, on le faisait *in singulos
annos, menses,* ou même *in singulos dies.* C'étaient
autant de legs successifs que l'on faisait, et que
le légataire pouvait demander après un changement d'état, pourvu que celui-ci n'eût en rien
affecté sa capacité de recevoir un legs. De là
vient que Modestin, que Gaïus, d'où sont tirées
les lois citées par Richer, décident que ces legs,
que le droit d'habitation, ne prennent pas fin par
la *capitis deminutio,* la *minima* seulement ; et cela
à la différence de l'usufruit, que ce changement
d'état dans la personne de l'usufruitier faisait
alors réunir à la nue propriété. Il était si évident
que la *media* et la *maxima capitis deminutio* mettaient fin à tous ces droits, que l'on ne s'en occupait pas.

Puisqu'un legs *in singulos annos* n'était qu'une
série de différents legs, il fallait évidemment qu'à
l'échéance de chacun d'eux le légataire fût capable de recevoir un legs. C'est ce que décident très
clairement deux textes du Digeste : « Cum in
« annos singulos legatur, plura legata esse placet,
« et per singula legata jus capiendi inspicietur (1).

____

(1) Dig., liv. 33, tit. 1, loi 11.

« Cum in annos singulos legatum relinquitur, sine
« dubio per annos singulos inspecta conditone
« legatarii, ait capere (1). » Et le légataire qui a
encouru la *media* ou la *maxima capitis deminutio*
est incapable de profiter du legs qui lui aurait été
fait.

Telle est, du reste, l'opinion de M. Ortolan, qui
trouve cette décision tellement évidente qu'il
n'apporte aucune preuve, et se contente de dire
que « le droit d'habitation ne pouvait périr par
« le non-usage ou *par la petite diminution de tête.* »

Quant au legs d'usage, comme l'étendue de ce
droit est limitée aux besoins de l'usager et de sa
famille, qu'il a par conséquent tous les caractères
d'une libéralité faite à titre d'aliments, il faut
conclure qu'il subsistera nonobstant les changements survenus dans l'état de l'usager.

25. IV. *Sociétés.*—La *maxima* ou la *media capitis deminutio* éprouvée par l'un des associés, de
même que sa mort, entraînait la dissolution de la
société, à moins de conventions contraires : « Dis-
« sociamur... capitis minutione. Publicatione
« quoque distrahi societatem diximus... nam
« cum in ejus locum alius succedat, pro mortuo
« habetur (2). »

CHAPITRE IV.

COMMENT PEUT FINIR LA PRIVATION DES DROITS CIVILS.

Les peines qui emportaient la *maxima* ou la

---

(1) Dig., liv. 36, tit. 2, loi 23.
(2) Dig., liv. 17, tit. 2, loi 4, § 1, et loi 65, § 12.

media capitis deminutio étaient perpétuelles; la privation des droits civils, qu'elles entraînaient, l'était aussi. Cependant il arrivait souvent que, par une faveur de l'empereur, grâce était faite au condamné, auquel on restituait en même temps les droits civils; c'est ce que l'on appelait *restitutio*, réhabilitation.

Ces réhabilitations étaient de différentes sortes et de différents degrés. Tantôt elles portaient sur les droits et sur les biens du condamné; alors celui-ci, avec la jouissance de ses droits civils, reprenait les biens qu'il avait au jour de la condamnation, mais aussi les obligations dont il était tenu à ce jour. Tantôt elles portaient sur les droits seulement, et alors il ne reprenait que la jouissance de ses droits; quant à ses obligations antérieures à la condamnation, il en était complétement libéré.

La réhabilitation était souvent générale; le prince permettait à tous les déportés de revenir dans leur patrie, avec les droits de citoyens, mais les droits de famille ne leur étaient pas rendus. La réhabilitation spéciale était accordée à certains condamnés désignés dans un rescrit de l'empereur; quant aux droits, elle était conçue tantôt spécialement, tantôt généralement. Spécialement, quand l'empereur indiquait nommément quels droits étaient rendus; généralement, dans la *restitutio in integrum*. Celle-là, la plus favorable de toutes, rétroagissait au jour de la sentence, remettait le restitué dans la même position où il se trouvait avant la condamnation, avec deux restrictions toutefois : que le père ratifiera ce que les enfants devenus *sui juris* auront fait jusque-là ; et que si les enfants sont impubères, et le père prodigue, on conservera le tuteur qui administrait les biens des pupilles. Sur cette question, du reste, la toute-puissance des empereurs pouvait se donner libre carrière.

Outre la *restitutio* accordée par le prince, il existait un autre mode de réhabilitation, spécial à une certaine peine. Les condamnés *in ludum venatorium* pouvaient, après un délai de cinq années, obtenir du peuple assemblé dans le cirque une certaine marque de délivrance, appelée *pileus*, qui rendait l'état public et civil au gladiateur qui l'avait obtenue.

DEUXIÈME PARTIE.

DROIT FRANÇAIS ANCIEN.

SOMMAIRES.

40. Le mort civilement a besoin d'un curateur pour ester en justice.

41. Le mort civilement ne peut être témoin dans un acte, ni porter témoignage en justice.

42. Le condamné seul perdait la noblesse, et non ses enfants, sauf le cas de crime de lèse-majesté.

43. Le condamné perdait tous les offices et bénéfices qu'il possédait.

44. Les actes faits par l'accusé avant la mort civile encourue ne sont annulés que s'ils sont frauduleux.

45. Les contrats du droit des gens sont permis au mort civilement,—et cela non pas parce qu'ils sont permis aux étrangers, — que la condamnation soit ou non à mort.

46. Les dispositions entre-vifs activement et passivement sont permises au condamné. — Les dispositions testamentaires sont interdites.

47. Le mort civilement ne peut recevoir de succession. — A sa mort naturelle ses biens tombent en déshérence.

48. La confiscation. — A qui elle appartient. —Diverses exceptions à la règle générale.

49. Quels biens sont confisqués. — Effets de la condamnation du mari sur les biens de la communauté, et quant au préciput.

50. Effets de la condamnation de la femme.

51. En règle générale, le douaire n'est pas ouvert par la mort civile du mari. — Quelques coutumes font exception.

52. Les enfants du condamné n'ont pas le droit de réclamer sur ses biens leur légitime.

53. L'ascendant donateur ne pourra exercer le droit de retour qu'à la mort naturelle du descendant mort civilement. — A ce moment il réclamera les biens au fisc.

54. Le père reprend, avant la confiscation, les biens donnés au fils par avancement d'hoirie.

55. Les confiscataires doivent, sauf exception, contribuer au paiement des dettes en proportion de ce qu'ils reçoivent.

56. Là où la confiscation n'est pas admise, la succession est dévolue aux héritiers naturels; le testament n'est pas exécuté.

57. En général, on décidait que la mort civile ne donnait pas

ouverture à la substitution, jusqu'à l'ordonnance de 1747, qui tranche la question dans l'autre sens.

58. L'usufruit s'éteint par la mort civile. — La rente viagère est maintenue.

59. La société est dissoute par la mort civile.

60. La mort civile du vassal donne ouverture aux droits féodaux, celle de l'homme vivant et mourant n'y donne pas ouverture.

61. Des lettres royales dûment entérinées peuvent faire cesser la mort civile.

Le droit romain, sur la matière. qui nous occupe, nous offrait, pour solution des différentes questions qui se présentaient, des textes et des dispositions précises. Maintenant la difficulté devient bien plus grande; peu de décisions générales, des solutions différentes, selon les coutumes, des arrêts contradictoires, des auteurs divisés; aussi faudra-t-il souvent omettre des détails intéressants, mais non indispensables, pour s'arrêter aux points principaux, et se contenter de résumer les discussions en peu de mots, pour donner la solution la plus générale, en passant sous silence des divergences d'une faible importance.

Nous ne serons plus obligés de nous servir de cette circonlocution si fréquemment répétée dans notre première partie, privation des droits civils par suite de condamnations judiciaires; le mot de *mort civile*, que nous ne prononcions pas, ignoré qu'il était du droit romain, malgré cette expression : *servilus morti adsimilatur*, se trouve dans tous les traités de l'ancienne législation.

27. La mort civile, avant 1789, était le résultat de deux causes bien différentes : l'une, honorable au plus haut degré, les vœux religieux; la mort civile alors était toujours libre dans son principe, irrévocable dans ses résultats; c'était une abdication de l'homme qui devenait mort au monde, mort à la société. Cette mort civile n'est plus admise par nos lois; un décret de l'assemblée constituante du 13 février 1790 déclare que la loi ne la reconnaîtra plus, et aucune disposition n'est venue jusqu'à présent modifier ce principe. La mort civile produite par des vœux religieux ne rentre nullement dans le plan de cette thèse; qu'il nous suffise de l'avoir nommée.

La mort civile, dans le second cas, est infamante; elle est le résultat d'un crime ou d'un fait qualifié tel par la loi. Mais ici encore il faut faire une distinction. La mort civile peut être la conséquence d'une condamnation prononcée par les tribunaux; c'est sous ce point de vue seulement que nous l'examinerons; ou bien elle est directement prononcée par le pouvoir législatif et pour un fait particulier. Ainsi, d'après la loi du 12 ventôse an VIII, ont été frappés de mort civile ceux qui, inscrits sur les listes des émigrés avant le 4 ventôse an VII, n'étaient pas ray définitivement; et postérieurement au Code Napoléon, deux décrets, l'un du 6 août 1809, contre les Français à l'étranger n'ayant pas obéi aux ordres de rappel, l'autre du 26 août 1811, contre les Français naturalisés à l'étranger sans autorisation, prononcent contre ceux-ci la mort civile. Mais ces deux décrets sont abrogés pour celles de leurs dispositions qui sont en désaccord avec les principes généraux du droit, et depuis 1814 on ne trouve plus aucune trace de leur application. Cette sorte de mort civile, qui ne se retrouve du reste que dans le droit intermédiaire et dans le droit nouveau, quoiqu'elle fût la conséquence d'un fait que les lois qualifiaient de crime, nous la laisserons de côté pour nous renfermer strictement dans celle qui résulte des condamnations judiciaires.

Pour plus de simplicité dans l'ensemble de notre travail, pour plus d'harmonie dans ses différentes parties, nous adopterons partout, autant que possible, la même division.

CHAPITRE Ier.

QUELLES CONDAMNATIONS EMPORTAIENT MORT CIVILE.

28. Dans l'ancien droit français, de même que dans le droit romain, que dans le droit français actuel, la mort civile ne résulte jamais d'un crime *ipso facto*, sans condamnation judiciaire ; une décision royale spéciale ne la pouvait même pas produire. Ainsi, la déclaration du 25 juillet 1703, interprétative et confirmative de l'édit d'août 1669 et de celui de juillet 1682, fait dé-

fense à ceux qui sont relégués par ordre du roi de sortir du lieu de relégation, à peine de confiscation de corps et de biens; dans ce cas même il fal* un jugement : l'infraction aux ordres du roi était le crime, mais les tribunaux seuls pouvaient prononcer la peine.

29. Il est assez remarquable que dans notre ancien droit jamais la loi, sauf une seule exception, n'a déterminé quelles peines emportaient mort civile. On y est arrivé par analogie du droit romain et par le raisonnement. Les auteurs, du reste, varient peu, et cette presque unanimité suffit pour décider les questions en l'absence de textes de loi.

Les condamnations à mort emportaient mort civile ; ces condamnations s'exécutaient de cinq manières différentes : la potence, la décollation, la roue, le feu, l'écartellement.

Les galères à perpétuité, par imitation de la servitude de la peine produite par la condamnation *in metallum* dans le droit romain.

Le bannissement à perpétuité, par imitation de l'interdiction de l'eau et du feu.

La réclusion perpétuelle. — Cette peine était considérée, par presque tous les auteurs, comme emportant mort civile ; et, entre autres, Coquille, dans une note, observe que celui qui est condamné à la prison perpétuelle est comparé à celui qui est condamné *in metallum*. Mais Durousseau de la Combe (1) prétend qu'il n'est pas d'usage,

----

(1) Part. 1, ch. 1, n° 8.

en France, de condamner un coupable à la prison perpétuelle. Remarquons que cette peine était au moins employée contre les clercs et contre les femmes, que l'on ne voulait ou ne pouvait pas envoyer aux galères. Pour les clercs, cela n'est pas douteux ; quant aux femmes, nous en avons plusieurs exemples. Un arrêt du 6 septembre 1584, du parlement de Paris, condamna une femme adultère à la prison perpétuelle ; l'arrêt fut exécuté, et la femme enfermée dans la tour de Loches. On cite encore la femme de Desrues l'empoisonneur, qui fut condamnée à passer le reste de ses jours dans un hôpital. De plus, « un grand nom- « bre de nos auteurs, dit Richer, quelques-unes « même des coutumes, reconnaissent formelle- « ment la prison perpétuelle comme une peine en « usage parmi nous. »

30. Par exception sur un seul point, la loi a prononcé la mort civile comme conséquence de la peine de certains crimes. L'ordonnance du 17 janvier 1730, art. 6, sur les crimes militaires, s'occupe spécialement de cette question.

Avant cette ordonnance, presque tous les auteurs pensaient que les condamnations militaires n'emportaient pas mort civile ; mais Coquille était d'un avis contraire ; Richer aussi, quoiqu'il fût revenu à l'autre opinion, au moins dans le cas de condamnation par contumace. Ces deux auteurs s'appuyaient, pour donner cette décision, sur ce que l'homme qui embrasse la profession des armes se soumet volontairement à toute la rigueur des lois militaires, et aussi sur ce que les tribunaux militaires prononçant selon des lois en vigueur, leurs jugements devaient produire les mêmes effets que ceux des tribunaux ordinaires.

Nous croyons qu'il faut résoudre cette question avec la distinction encore faite dans le droit actuel. Nous distinguerons les délits militaires des délits de droit commun. La nécessité de la discipline a fait réprimer, par des peines très sévères, certains délits spéciaux. Il est évident qu'en établissant la mort civile comme conséquence de certaines peines, on n'a nullement eu en vue les tribunaux militaires. Cependant, cela ne doit pas dégénérer en privilége pour les militaires; aussi, toutes les fois qu'ils seront punis pour un crime de droit commun, la condamnation aura le même effet que si elle était prononcée par un tribunal ordinaire.

Un autre argument peut encore se tirer de l'art. 6 de l'ordonnance du 17 janvier 1730. Cet article dispose que les condamnés pour désertion encourront la mort civile. Si le législateur a cru devoir spécialement le décider ainsi pour le crime le plus grave d'un militaire, n'en doit-on pas conclure qu'il n'a pas voulu que les condamnations prononcées pour d'autres délits moins graves emportassent la même aggravation de peine? Telle était aussi l'opinion de Pothier : « Pour que les « condamnations, dit-il, dont la mort civile est « une suite, puissent y donner lieu, il faut qu'elles « aient été prononcées en justice réglée. Une

« condamnation à mort prononcée par un conseil
« de guerre, pour délit militaire, n'empêcherait
« pas le condamné de mourir *integri status* (1). »

L'ordonnance du 12 décembre 1774 vint apporter quelques modifications sur ce point : elle réserva la peine de mort contre les déserteurs ayant passé à l'étranger en temps de guerre, réduisant les autres à l'état de forçats. Elle ne s'occupe nullement de leurs droits civils; mais, comme elle dispose que la condamnation ne sera jamais prononcée qu'à temps, on en conclut tout naturellement que la mort civile n'était pas encourue dans ce cas.

Une autre question se présente à résoudre sur l'effet de la commutation de peine quant à la mort civile; mais il faut savoir à quel moment commence la mort civile; c'est ce que nous verrons dans le chapitre suivant.

31. Disons encore, malgré l'avis contraire de Choppin, que la mort civile ne peut résulter que de la condamnation en France, et qu'un souverain étranger ne pourrait être admis à priver un Français de ses droits civils (2).

CHAPITRE II.

A QUEL MOMENT COMMENCE LA MORT CIVILE.

32. Aucun crime, nous l'avons déjà dit, ne fai-

---

(1) Traité des personnes, tit. 3, sect. 1.
(1) *Sic.* Ricard, Donations, nᵒˢ 262 et 263; Basnage, art. 235, de la coutume de Normandie; Brodeau, sur Paris, art. 183.

sait encourir la mort civile *ipso facto*, et, en règle générale, il faut dire que la mort civile n'était encourue qu'après la condamnation. Quelques exceptions cependant se présentaient où la mort civile rétroagissait au jour du crime et rendait nuls tous les actes faits depuis ce moment : c'était pour les crimes de lèse-majesté divine ou humaine, par les duels, les parricides, etc.

Le condamné pouvait toujours appeler à un tribunal supérieur; s'il ne le faisait pas, le procureur du roi, dans toute condamnation capitale, devait appeler lui-même. Telle était la règle établie dans certains parlements et l'usage dans les autres. Cet appel était suspensif; s'il était admis, l'accusé n'avait jamais encouru la mort civile; mais s'il était rejeté, la mort civile datait du premier jugement. Telle était la règle; cependant souvent les parlements y dérogeaient dans l'intérêt des particuliers contre le fisc ou les seigneurs confiscataires. Un arrêt du 10 janvier 1630 jugea que le condamné n'avait pu recevoir une succession à lui échue après la condamnation dont il avait interjeté appel, avant que cet appel fût jugé. Un autre du parlement de Rouen, du 21 juillet 1635, décida que le condamné avait pu valablement renoncer à une succession à lui échue dans les mêmes circonstances. Ces deux arrêts, contradictoires, se touchent cependant par ce point, que les juges ont voulu que les héritiers du sang reçussent ces successions au préjudice des confiscataires.

33. Est-ce le jugement lui-même qui produit,
ici comme dans le droit romain, la mort civile?
Elle doit commencer après la condamnation,
mais frappe-t-elle immédiatement après? Nous
n'avons sur cette question que des décisions de
jurisconsultes contradictoires, mais aucun texte
précis. Examinons la question au point de vue
du droit en général : « La mort civile est l'état
« d'un homme qui est retranché de la société et
« qui ne peut plus contracter avec elle. Cela
« posé, comment veut-on qu'un jugement pro-
« noncé dans le secret d'une chambre criminelle
« fasse connaître à la société qu'elle ne peut plus
« contracter avec le condamné? Il faut donc,
« pour qu'elle en soit instruite, que le jugement
« ait été rendu public; or, il ne peut l'être que
« par l'exécution, et, par conséquent, la mort
« civile ne doit commencer que du jour de l'exé-
« cution du jugement, soit par contumace, soit
« autrement. » A ces paroles si justes, si con-
cluantes de l'avocat général Gilbert, il semble
qu'il n'y ait rien à ajouter, rien à répondre.

Il faut aussi que le condamné lui-même soit
instruit de son incapacité, et il ne pourra l'être
que par la prononciation du jugement faite à sa
personne. Un arrêt du parlement de Rouen, du
10 février 1632, décida qu'une femme morte
avant la prononciation du jugement devait être
regardée comme morte dans l'intégrité de ses
droits, et que ses biens ne devaient pas être confisqués. Une autre arrêt du parlement de Tou-

louse, de 1566, décida de la même manière sur la question de savoir si l'exécution était nécessaire pour que la mort civile fût encourue.

Dans les différentes affaires que ces arrêts ont jugées, la condamnation était contradictoire, et le condamné était mort naturellement avant la prononciation ou l'exécution du jugement. Faut-il admettre la même décision si le condamné se soustrait par la fuite à l'exécution? Ici nous croyons devoir nous séparer de Richer. Il dit que, dans ce cas, la mort civile sera encourue sans exécution, parce que la loi ne peut reconnaître le condamné comme un homme vivant. Dans les deux cas précédents, le condamné étant mort naturellement, la vie civile qu'on lui conservait ne pouvait nuire à la société. De ce que la justice a confié l'exécution de son jugement à des ministres peu adroits et peu attentifs, faut-il conserver dans la société un homme qu'elle en a banni (1)?

Richer déplace la question de son véritable terrain; ce n'est pas dans l'intérêt du condamné qu'il faut que l'arrêt ait été exécuté, pour que la mort civile ait été encourue; c'est dans l'intérêt de la société, dont les membres se trouveraient exposés à contracter avec un homme qu'ils ne sauraient pas mort civilement. Avant que la mort civile soit encourue, il faut que la société soit avertie par l'exécution, et cette nécessité est bien plus évidente dans le cas où le condamné est en

---

(1) Liv. 2, chap. 2, sect. 4.

fuite que dans celui où il est mort. Aussi pensons-nous que jamais le condamné ne sera mort civilement, si l'exécution n'a pas eu lieu (1). Notons de plus qu'on a la ressource de l'exécution par effigie pour faire courir la mort civile au préjudice du condamné en fuite.

31. Il nous reste à examiner l'influence de la commutation de peine sur la mort civile.

Après avoir vu que la mort civile n'est encourue définitivement qu'après l'exécution du jugement, il semble qu'aucune difficulté ne doit se présenter sur cette question : «La commutation de peine, dit « Richer, est le changement d'une peine pronon- « cée contre un criminel en une autre plus lé- « gère..... Comme la grâce n'est pas entière, et « que le roi ne fait que diminuer ce qu'il y a « d'afflictif dans la peine, elle ne rend pas la vie « civile à celui qui l'avait perdue par la condam- « nation prononcée contre lui (2). »

C'est là une erreur complète; la mort civile, nous l'avons dit avec Richer, n'est encourue que si l'exécution du jugement a eu lieu; tellement que, s'il n'est pas exécuté, le condamné conserve tous ses droits; si donc la commutation de peine est accordée avant l'exécution, on ne peut dire que le jugement ait été exécuté, ni, par conséquent, que la mort civile ait été encourue; mais

____

(1) Ainsi jugé par un arrêt de la Cour de Paris du 9 février 1818.

(2) Liv. 1, sect. 7.

si la commutation n'intervient qu'après l'exécution, elle n'aura aucune influence sur la mort
civile.

A l'appui de son opinion, Richer rapporte un
arrêt du 24 août 1585. Une femme condamnée
à être brûlée vive obtint commutation de peine
en prison perpétuelle; elle fut alors enfermée,
puis, plus tard, elle obtint remise complète. Sortie
de prison, elle se maria, et, par arrêt, les enfants
qu'elle eut de son mariage furent exclus de sa
succession, parce qu'elle avait déjà encouru la
mort civile au moment de ce mariage, qui, dès
lors, ne pouvait produire aucun effet civil. Cet
arrêt ne peut servir à résoudre la question. La
femme, il est vrai, était réellement morte civilement, non pas par suite de la condamnation à
mort, qui n'avait jamais été exécutée, mais par
suite de la peine de prison perpétuelle, peine qui
avait reçu un commencement d'exécution, et qui,
par elle-même, emportait la mort civile.

Il faudra faire dans cette question ces différentes distinctions : si la commutation de peine
est arrivée après l'exécution, la mort civile a été
irrévocablement encourue, et la faveur royale
n'apporte aucun changement dans l'état du condamné. Si, au contraire, la commutation est arrivée avant l'exécution, ou la nouvelle peine
emporte encore mort civile (c'est le cas de l'arrêt
cité par Richer), l'exécution rend alors la mort civile irrévocable; ou cette nouvelle peine n'emporte pas mort civile, et il faut dire que le con-

damné n'est pas mort civilement, car aucune peine emportant mort civile n'a été exécutée.

Ce que nous venons de dire de la commutation de peine doit s'appliquer, avec les mêmes distinctions, au cas de remise totale de la peine.

CHAPITRE III.

DES EFFETS DE LA MORT CIVILE.

SECTION Ire.

Des effets relativement aux personnes.

Aux subdivisions qu'a présentées le droit romain, nous en ajouterons deux spéciales à notre ancien droit français, ayant trait à la noblesse, et aux offices et bénéfices.

§ 1er. — Du mariage.

35. C'est un principe certain que, quoique la mort civile ne détruise pas le nœud du mariage (*matrimonia contrahenda prohibentur, contracta non dissolvuntur*), cependant elle en détruit les effets civils. Ces effets sont fondés sur la loi civile, qui ne peut plus agir en faveur d'une personne qu'elle a proscrite.

Il faut distinguer deux choses dans le mariage, le sacrement et le contrat; quant au sacrement, la mort civile n'empêche pas de le recevoir, mais ce sacrement est toujours accompagné d'un contrat civil nécessaire pour régler les intérêts pécuniaires. Ce contrat est considéré comme si essentiel, qu'il existe toujours expressément où tacitement. Lorsque les parties en ont fait un, elles doivent s'y conformer en tous les points ; s'il n'y en a pas, c'est la coutume ou la loi du pays qui en sert. Mais ce contrat, soit tacite, soit exprès, n'a jamais lieu et ne produit jamais aucun effet ni par rapport aux conjoints lorsque l'un d'eux s'est marié en état de mort civile, ni par rapport à leurs enfants, ni par rapport à leurs autres héritiers.

36. A l'égard des enfants, ils ne sont pas bâtards ; car on ne peut considérer comme concubinage une union autorisée par l'Église, sanctionnée par la religion ; mais ces enfants sont, du reste, privés de tous les droits civils résultant du mariage de leurs parents ; ils ne se rattachent à personne par les liens du sang, ils ne sont d'aucune famille, et ils sont par conséquent exclus de toute succession ascendante ou collatérale ; en un mot, les lois les mettent au rang des bâtards, sans cependant leur en imprimer la honte.

Cette doctrine des auteurs fut confirmée par l'art. 6 de la déclaration de 1639, ainsi conçu : *Nous voulons que la même peine* (c'est-à-dire que soient exclus de toute succession aussi bien que leur postérité)..... *les enfants procréés par ceux qui se marient après avoir été condamnés à mort, même par les sentences de nos siéges rendues par défaut, si, avant leur décès, ils n'ont pas été remis au premier état, suivant les lois prescrites par nos ordonnances.* Cet article, conforme aux principes de la matière, fut nécessaire pour terminer sur ce point les divergences de la doctrine, et probablement pour empêcher un célèbre arrêt du 6 juillet 1637 de faire jurisprudence.

Un individu ayant des enfants vint à encourir la mort civile; il se remaria, et eut un fils de son second mariage, puis il mourut. Le fils du second lit se porta plus tard comme héritier des enfants du premier lit, dont il se prétendait frère légitime. Dans l'intérêt de sa cause, il ne s'appuyait pas sur la bonne foi de sa mère, qui avait cru épouser un homme jouissant de ses droits civils : mais voici ce que l'on disait pour lui : « Il est inutile « d'appliquer ici la distinction que l'on fait entre « le sacrement et le contrat civil, pour dire « qu'un tel mariage donne bien ce qui est du « droit des gens, mais non pas ce qui est du droit « civil. Cette distinction ne peut tout au plus « avoir lieu qu'à l'égard des deux conjoints; « parce que l'un d'eux a offensé la loi civile, elle « l'a condamné; ainsi elle peut le priver de tous « les avantages qu'elle a établis en faveur de ci- « toyens qui se soumettent à ses dispositions. En « effet, il n'y a pas d'apparence qu'elle souffre « qu'un homme qu'elle tient pour mort puisse « disposer de ses biens comme cela se fait dans « un contrat de mariage. Mais à l'égard des en-

« fants il n'y a aucune distinction à faire; ils
« sont nés d'un mariage approuvé par l'Église,
« ils sont donc légitimes. S'ils sont enfants légi-
« times, ils sont frères légitimes des enfants des
« lits précédents; ils doivent par conséquent leur
« succéder. Cette conséquence est fondée sur ce
« que le droit civil ne peut pas effacer le droit de
« nature. Il est impossible d'être frère naturel et
« légitime en même temps, sans être capable de
« recueillir la succession de celui avec lequel on
« est dans cette relation. La loi ne peut pas don-
« ner l'un sans l'autre. » Par ces motifs le parlement donna gain de cause à l'enfant du second
lit; intervint alors la déclaration de 1639, à laquelle on dut se conformer.

37. Mais alors on trouva dans la bonne foi de
l'un des conjoints un motif suffisant pour appeler
les enfants à la succession des parents du conjoint mort civilement. Un arrêt du 25 mars 1709
nous en donne la preuve. Il s'agissait d'une succession collatérale, dont on prétendait qu'une
fille devait être déclarée incapable, parce que son
père avait contracté le mariage dont elle était
issue, étant en état de mort civile. On répondit
que, « si, en effet, dans la règle, ce mariage ne
« pouvait avoir d'effets civils par rapport au
« père, la bonne foi de la mère, qui était prouvée
« dans le fait, suffisait pour rendre les enfants
« capables des effets civils; que, si les mariages
« non valablement contractés, quand il y avait
« bonne foi, ne laissaient pas de produire des

« enfants légitimes, à plus forte raison un ma-
« riage qui, par lui-même, n'aurait pas d'effets
« civils, quoique légitime d'ailleurs, devait en
« produire par la bonne foi de l'un des conjoints,
« quoique l'ordonnance ne porte pas d'exception
« parce qu'elle est de droit. » C'est sur les conclusions de l'avocat général Le Nain que l'arrêt
fut rendu, et adjugea la succession à la fille,
nonobstant l'état de mort civile de son père.

§ 2. — De la puissance paternelle.

38. La puissance paternelle est un droit accordé
au père ou autre ascendant mâle du côté pater-
nel, sur la personne et les biens des enfants. Ne
sont soumis à cette puissance que les enfants légitimes ou légitimés ; car l'adoption n'était pas admise dans l'ancien droit. La puissance paternelle
doit être perdue pour ceux qui ont encouru la mort
civile, car c'est là essentiellement un droit civil.

Les enfants devront toujours du respect à leur
père, même condamné ; mais la loi ne leur ordonne plus ce que l'on pourrait appeler le respect civil. Cependant on cite un arrêt du parlement de Toulouse, du 14 août 1673, qui déclare
nul le mariage d'une fille contracté sans le consentement de son père, condamné à mort par
contumace, et quelques auteurs, Graverot, Ca-
telan (1), soutiennent qu'un mariage serait cassé

____

(1) Liv. 4, chap. 8, loi 16, de nuptiis.

par suite de ce défaut de consentement, dans le cas même où la mère et les autres parents y auraient consenti. Nous ne croyons pouvoir nous ranger à cet avis. L'individu mort civilement n'existe plus aux yeux de la loi civile, elle ne peut donc demander de lui aucun acte civil; et, de plus, exiger le consentement d'un condamné à mort par contumace, c'est vouloir empêcher le mariage de ses enfants, qui sont toujours censés ignorer le lieu de sa retraite.

Le mari mort civilement doit perdre de même sa puissance sur sa femme; l'autoriser à passer certains contrats, c'est agir en citoyen. La femme délivrée de cette puissance peut faire tous les actes qu'elle juge à propos de faire, sans avoir besoin de l'autorisation de son mari, de même que si elle était fille ou veuve. Elle n'a pas besoin non plus de se faire autoriser par le juge; car cette autorisation n'étant que représentative et supplétive de celle du mari, elle ne peut être nécessaire à une femme complétement délivrée de l'autorité maritale; sous ce point de vue encore, les effets civils du mariage sont complétement anéantis, quoique le mariage existe encore.

§ 3. — De la tutelle.

39. « Il est évident, dit Pothier, que la tutelle « finit par la mort naturelle ou civile soit du tu-« teur, soit du mineur. » Il faut en conclure nécessairement que le mort civilement ne pourrait

être nommé tuteur dans aucun cas, que, de
même, il ne pourrait recevoir de tuteur.

Pour la curatelle aussi, incapacité absolue pour
le mort civilement d'être curateur ou d'en recevoir un, excepté, dans ce dernier cas, la nécessité
où il serait au contraire d'en recevoir un pour
pouvoir ester en justice, comme nous le verrons
tout à l'heure.

§ 1. — Du droit d'ester en justice.

40. C'est un droit civil que celui d'ester en justice; en conséquence, le mort civilement devrait
en être privé; mais la loi lui a laissé quelques
droits nécessaires au soutien de sa vie naturelle; il
fallait alors lui donner les moyens de les exercer et
d'empêcher les spoliations dont il pourrait être
victime. Aussi croyons-nous qu'il pourra plaider
devant les tribunaux, mais seulement assisté d'un
curateur qui agira en son nom. Cependant, un
arrêt de la cour de cassation du 17 avril 1809 a
jugé qu'avant le Code Napoléon, la mort civile
n'emportait pas incapacité d'ester en justice sans
l'assistance d'un curateur, lorsqu'il s'agissait
d'exercer une action dérivant d'un contrat du
droit des gens.

Il faudrait de même un curateur au mort civilement, pour être partie dans une poursuite criminelle; mais on pourra directement poursuivre
le condamné, car en lui enlevant la vie civile on
ne lui a laissé la vie naturelle qu'à condition

qu'il n'abuserait pas de cette indulgence pour commettre des crimes.

§ 5. — Du droit d'être témoin.

41. La disposition du droit romain qui déclarait le mort civilement incapable d'être témoin dans un testament, a été admise tant par les pays de droit écrit que par ceux de droit coutumier. L'article 40 de l'ordonnance de 1735 décide de même ce point : *Les témoins (qui assisteront à la confection d'un testament) seront mâles, regnicoles et capables des effets civils ; à l'exception seulement du testament militaire, dans lequel les étrangers non notés d'infamie peuvent servir de témoins.* Nous croyons qu'il en faut dire de même pour les témoins dans tout acte public.

Quant au témoignage en justice, on a également suivi la prescription du droit romain : « Il est « certain que la mort civile rendait, chez les « Romains, celui qui l'avait encourue, incapable « de porter témoignage ; il est également certain « qu'il en est exclu dans nos mœurs. L'usage est « un garant de cette vérité, qui, d'ailleurs, est « reconnue par tous les auteurs (1). »

§ 6. — De la noblesse.

42. La noblesse consiste en certaines distinctions

---

(1) Richer, liv. 3, art. 1, chap. 5.

et prérogatives accordées comme récompense d'actions éclatantes ou de fonctions utiles; mais suivant un adage aussi ancien que cette institution même, *noblesse oblige*; en conséquence, ceux qui ont démérité doivent être privés de cette haute distinction, qu'elle vienne d'extraction ou bien d'anoblissement. De plus, la noblesse est essentiellement un droit civil, qu'un mort civilement ne peut réclamer.

Quant aux enfants d'un noble qui a encouru la mort civile, une distinction est nécessaire; sont-ils nés auparavant, ils sont nés nobles et le crime de leur père n'a pu leur enlever un droit acquis. Notons cependant qu'en cas de condamnation pour crime de lèse-majesté, les criminels perdraient leur noblesse pour eux et pour toute leur postérité née ou à naître. Les duellistes ne sont pas si sévèrement punis; leurs descendants doivent seulement changer leurs armes et obtenir à cet effet lettres royales (1). Les enfants nés postérieurement à la mort civile encourue ne sont pas, il est vrai, des bâtards, mais ils ne se rattachent à aucune famille, et, la roture étant de droit commun, ils sont roturiers.

§ 7. — Des offices et bénéfices.

43. « Il est certain que la mort civile fait va-
« quer les offices confiés à ceux qui l'ont encou-

---

(1) Edit des duels de 1679, art. 15.

« rue ; il n'est pas possible d'imaginer qu'un
« homme qui a été banni de la société puisse y
« posséder une charge qui lui donne le droit d'y
« exercer des fonctions souvent importantes, tou-
« jours honorables. » (Desquiron.) De même celui
qui aura encouru la mort civile ne pourra ensuite
devenir titulaire d'un office.

C'est un des principes fondamentaux du droit
canon, que tout crime qui emporte infamie rend
celui qui l'a commis incapable de posséder un
bénéfice. Après avoir longuement énuméré tous
les crimes infamants, le texte dit : *Hi omnes
inquam, nec ad sacros gradus debent provehi.* Ici
l'exclusion ne porte que sur les ordres sacrés,
mais le canon a été ensuite étendu à la possession des bénéfices. Dans les premiers temps, on
excluait les coupables, lors même qu'ils avaient
fait pénitence : *Ex pœnitentibus, quantumvis sit
bonus, clericus non ordinetur.* La mort civile
donc empêchait d'être promu dans les ordres,
ou nommé à un bénéfice. Elle faisait perdre
aussi les bénéfices déjà possédés ; mais le caractère indélébile du prêtre existait encore, nonobstant la condamnation ; l'interdiction l'empêchait
simplement d'en exercer les fonctions.

SECTION II.

Des effets relativement aux choses.

Ici, comme dans le droit romain, un paragraphe avec quelques subdivisions traitera des inca-

pacités du mort civilement ; dans un autre, nous nous occuperons des droits des tiers auxquels la mort civile donne ouverture.

§ 1er. Des Incapacités.

41. Avant d'examiner quels effets la mort civile produira quant à la capacité du condamné, il faut voir si elle affectera même rétroactivement cette capacité. Il est certain, dit Godefroi, qu'un homme coupable d'un crime peut valablement, et au préjudice du fisc, aliéner à titre onéreux, et non à titre lucratif, à un tiers qui ne connaît pas la culpabilité du vendeur, pourvu qu'il n'ait pas été déféré à la justice. Après l'accusation, même après l'emprisonnement, il peut administrer son bien pour se procurer sa subsistance et travailler à sa justification ; il peut aussi recevoir le paiement de ses dettes ; mais peut-il aliéner ? peut-il donner? Pour décider cette question , supposons, dit-il, que l'accusé ne possède aucun revenu, aucun immeuble, que toute sa fortune consiste dans un mobilier de très peu de valeur, ou dans quelques immeubles d'un très petit revenu ; alors, suivant le sentiment de Papon, on ne peut lui refuser la faculté d'aliéner, afin qu'il puisse se procurer sa subsistance et pourvoir aux dépenses nécessaires pour prouver son innocence. Mais si on suppose que, hors ce cas, il ait aliéné après l'accusation intentée, cette aliénation sera-t-elle valable? Oui, si, par le jugement, il est déclaré innocent ; mais si la sentence porte

condamnation, elle a un effet rétroactif jusqu'au jour du crime commis, et l'aliénation est annulée.

Cette décision nous paraîtrait trop rigoureuse : l'accusé, tant qu'il n'est pas condamné, conserve la plénitude de ses droits civils ; il peut, par conséquent, faire tous les actes permis aux autres citoyens, pourvu qu'il les fasse de bonne foi, et surtout qu'ils n'aient aucun caractère frauduleux de la part de la personne avec laquelle il contracte. Le confiscataire devra prouver la mauvaise foi, et les juges se décideront d'après les circonstances, en examinant surtout à quelle époque l'aliénation a été faite : avant ou après l'aliénation intentée.

45. I. *Contrats onéreux.* — Tous les contrats de ce genre sont du droit des gens et non du droit civil ; ils peuvent être faits par un mort civilement ; une unanimité presque complète existe sur ce point. Cependant quelques remarques sont nécessaires sur les opinions de deux auteurs à ce sujet.

Carondas rapporte un arrêt du 5 juillet 1558 qui a jugé qu'un homme banni à perpétuité hors du royaume pouvait trafiquer en France par correspondant, *n'étant pas de pire condition qu'un étranger*, et n'étant pas mort civilement à l'égard du pays où il demeure. Il est certain, ce nous semble, qu'un individu mort civilement sera en France d'une condition pire qu'un étranger, et que, si on lui permet de trafiquer, ce n'est pas parce qu'on le permet aux étrangers, mais parce

61

que l'on considère cette permission comme pouvant être indispensable au maintien de la vie naturelle qu'on lui a laissée.

Richer, de son côté, fait, sous le point de vue de la capacité du condamné, une distinction entre la condamnation à mort et toute autre condamnation. Mais l'individu qui aura prescrit par trente années la peine contre la société ne pourra plus être exécuté, il vivra en état de mort civile; et il a au moins autant besoin de commercer que celui qui sera aux galères perpétuelles. De même faudra-t-il annuler les actes onéreux passés par un condamné en fuite, quand il y aura eu bonne foi de la part du contractant? La faculté de trafiquer n'est, du reste, donnée au mort civilement, qu'autant qu'elle sera compatible avec la peine qu'il subit; ainsi le banni ne pourra pour un commerce rentrer en France, ni le galérien quitter le port de mer où sont les galères.

46. II. *Donations.* — Le droit de faire ou de recevoir des donations entre-vifs n'est pas absolument nécessaire au soutien de la vie naturelle, et cependant nous ne le refuserons pas au condamné. C'est là un droit naturel qui dérive nécessairement du droit de propriété; pour en priver le condamné, il aurait fallu que la loi le décidât expressément, comme dans notre droit actuel (1).

(1) Ainsi jugé, arrêt de la Cour de cassation du 1ᵉʳ août 1811. *Sic.* Pothier, Donations entre-vifs, sect. 1, art. 1.—*Contra*, Ricard, Donations, part. 1, nᵒ 230. Duplessis, Donations, liv. 1, chap. 4. Richer, liv. 3, art. 1, chap. 2, sect. 6 et 7.

S'il y a un droit dépendant uniquement de la loi civile, c'est assurément celui de disposer de tout ou partie de ses biens pour le temps où l'on ne sera plus; c'est encore celui d'être l'objet de pareilles dispositions; disons donc, avec tous les auteurs, que le mort civilement ne pourra ni tester, ni rien recevoir par testament.

Une seule exception se présente à ce principe sur les libéralités entre-vifs ou testamentaires; ici encore, comme dans le droit romain, le condamné pourra recevoir et faire des libéralités à titre d'aliments, et la jurisprudence lui donne le droit de le demander en justice.

47. III. *Successions.* — Le mort civilement est incapable de recevoir une succession; un pareil droit tient à la position de l'homme dans sa famille; il a perdu complétement, par suite de la condamnation, ses droits de famille : à qui donc alors pourrait-il succéder? Mais tant que la mort civile ne sera pas encourue, le condamné pourra être héritier, sauf le cas de crime de lèse-majesté.

Basnage émet, à ce sujet, une opinion plus favorable aux héritiers du criminel, mais qu'il est difficile de concilier avec les vrais principes du droit. Il dit que, tant que l'accusé n'a pas accepté une succession, il est censé y renoncer dans l'intérêt des héritiers du degré subséquent, et que, s'il est condamné, cette succession passera à ces héritiers, comme s'il eût renoncé, et cela au préjudice du fisc. Un arrêt du parlement de Rouen du 26 mars 1683 fut l'origine de cette opinion, en donnant, dans une espèce pareille, une succession aux héritiers. Mais il faut convenir que c'est là oublier trop facilement cette règle fondamentale du droit dans les successions, que *le mort saisit le vif*. Nous croyons donc qu'il ne faut pas s'arrêter à l'opinion de Basnage ni à l'arrêt sur lequel il s'appuie, et que la défaveur attachée à la cause du fisc ne doit pas faire méconnaître les vrais principes du droit.

Nous avons encore à examiner ce que deviennent les biens laissés par le condamné. Ceux qu'il possédait avant sa condamnation sont adjugés au fisc, là où la confiscation est en vigueur; aux héritiers dans les autres pays; mais c'est une question que nous traiterons dans le paragraphe suivant.

Quant aux biens acquis par le condamné après la mort civile, il suffit de nous rappeler qu'il n'a plus de famille, qu'il n'a pu faire de testament, que personne, en conséquence, ne peut prendre sa succession; elle est donc en déshérence. Comme biens vacants, ces biens devraient toujours appartenir au roi, et il en est ainsi s'ils sont situés sur le territoire d'une justice royale. Mais les seigneurs hauts justiciers usurpèrent le même droit dans l'étendue de leurs juridictions, et ce devint le droit commun de la France. Si les biens sont situés dans différentes juridictions, chacun des seigneurs prend ceux qui sont situés sur son territoire.

Il arrive souvent que le roi fait don à ceux qui

auraient naturellement succédé au mort civilement des biens qu'il a laissés à sa mort naturelle;
mais c'est là un acte de pure munificence royale.

§ 2. — Des droits des tiers.

A la suite des quatre numéros correspondant
aux différentes questions soulevées dans notre
première partie, un cinquième sera nécessaire,
relatif à l'ouverture des droits féodaux par la
mort civile.

48. I. *Confiscation.* — La confiscation a pour
but de punir le criminel dans sa postérité, en la
privant des biens qui lui auraient appartenu
dans l'ordre naturel.

Dans le principe, le roi seul avait un fisc; *jus
illud est meri imperii*, dit Dumoulin. Mais peu à
peu les seigneurs hauts justiciers usurpèrent ce
droit, et, sous le prétexte de subvenir aux frais
auxquels leur justice les entraînait, ils s'arrogè-
rent le droit de confiscation; mais, par cette raison même, ce droit n'appartint qu'aux seigneurs
hauts justiciers et non aux seigneurs féodaux;
confiscatio est fructus jurisdictionis. Une seule
coutume, celle de Normandie, fait exception à
cette règle, et, dans l'art. 144, attribue la confiscation aux seigneurs féodaux. De cette règle
vient que les biens tenus en franc-alleu ne sont
pas confisqués par le roi, leur seul suzerain féo-
dal, mais par le seigneur dans la justice duquel
ils sont enclavés, soit directement, soit par voie
de ressort.

Ce n'est pas au justicier qui a prononcé la condamnation que les biens confisqués appartiennent nécessairement, mais c'est au justicier dans le ressort duquel ils se trouvent ; il faut excepter le cas de crime de lèse-majesté, auquel cas le roi confisque tout.

L'art. 115 de la coutume de Normandie présente une autre exception ; si le condamné avait été condamné par la justice royale, le roi prenait, la première année, les fruits des immeubles, à la charge de payer la première année les arrérages des rentes foncières ; il prenait aussi ce qui restait des meubles, les dettes une fois payées.

Une troisième exception existait dans la coutume de Nivernais, exception que Graverolo voulait faire passer en règle générale, mais que personne n'admettait. D'après cette coutume, les meubles des ecclésiastiques condamnés appartenaient à l'évêque ; une telle disposition était complétement en dehors du droit commun, car l'évêque n'avait pas de territoire. Aussi Coquille, parlant de cette coutume, disait-il : « La loi est « telle, il faut la tenir ; mais si elle était à refaire, « ou la coutume à revoir et corriger, il semblerait « raisonnable de dire autrement. »

Si la terre à laquelle était attaché le droit de haute justice appartenait en nue propriété à un individu, en usufruit à un autre, on considérait les confiscations mobilières ou immobilières comme des fruits, qui étaient acquis en toute propriété à l'usufruitier (1).

Si le condamné était lui-même haut justicier, la confiscation appartenait, non pas au seigneur suzerain, mais au roi, duquel ressortissent toutes les justices.

Toute condamnation capitale prononcée par un juge compétent emporte avec elle la confiscation des biens du condamné, pourvu, toutefois, que la coutume du pays la prononce. En Anjou, par exemple, jamais il n'y avait confiscation. Si les biens du condamné étaient situés dans différents pays, régis sous ce rapport par des coutumes différentes, les biens étaient ou non confisqués, selon la coutume du pays où ils étaient situés.

En règle générale, on ne considérait comme soumis à la confiscation que les biens du condamné; mais dans la pratique de nombreuses difficultés se présentaient : entre conjoints, si la mort civile était encourue par l'un d'eux, la communauté était dissoute; mais les effets étaient différents, selon que le mari ou la femme avaient été condamnés.

Sous l'ancienne jurisprudence, le crime du mari entraînait la confiscation de tous les biens dont la communauté se composait. Le mari avait le droit de perdre les biens *per contractum;* il pouvait le faire aussi *per delictum*, d'autant

____

(1) Dumoulin, Brodeau, Duplessis.

plus que les délits étaient au nombre des quasi-contrats ; mais dans la suite on reconnut l'injustice et la dureté d'un pareil usage ; on comprit qu'il n'y avait pas de communauté de crime. En 1431 , par lettres patentes, Charles VII modifia cette prescription en faveur des habitants de Paris : *Si aucun homme marié demeurant dans ladite ville, confisque pour crime autre que lèse-majesté, dont la confiscation appartienne au roi, la moitié des meubles , dettes et conquêts demeurera à la femme avec son douaire.* Immédiatement la jurisprudence se modifia partout, et presque toutes les coutumes adoptèrent cette règle. La femme fut alors en droit d'exiger tous ses avantages matrimoniaux ; s'il y avait un préciput stipulé par elle, elle le prenait avant le partage. Cependant une distinction est nécessaire à ce sujet. La condamnation emporte-t-elle en même temps mort naturelle et mort civile, ou mort civile seulement ? Dans le premier cas, la femme entre tout à la fois en propriété et en jouissance de son préciput ; mais il n'en est pas de même si la mort naturelle n'accompagne pas la mort civile : « Il est un principe certain, dit à ce « sujet Richer, qui est que, quand la loi ne parle « simplement que de la mort, cette expression « ne doit s'entendre que de la mort naturelle et « non de la mort civile. Il en est de même dans « les contrats ; quand la mort y est prévue, cette « expression n'est relative qu'à la mort naturelle. « C'est un principe constant et qu'il n'est pas per-

« mis de révoquer en doute. Ainsi, lorsque dans
« un contrat de mariage on a stipulé que le sur-
« vivant aurait un préciput à prendre sur les
« biens de la communauté, on a entendu que ce
« préciput n'aurait lieu qu'au cas de mort natu-
« relle de l'un des deux conjoints; or, dans l'es-
« pèce que nous examinons, ni l'un ni l'autre
« n'est mort naturellement, donc il ne peut pas
« y avoir de préciput. Il faut attendre que la na-
« ture décide en faveur de qui il peut avoir lieu.
« Si le mari décède le premier, la femme est en
« droit de l'exiger contre le confiscataire. Si au
« contraire c'est la femme qui décède la première,
« le confiscataire, du chef du mari, a droit de
« l'exiger; en sorte que, comme la totalité des
« biens de la communauté qui devait porter sur
« le préciput se trouve partagée, celui qui est
« chargé du préciput au profit de l'autre est
« tenu de restituer la moitié de la somme à la-
« quelle le préciput avait été estimé par le con-
« trat de mariage. »

50. Supposons maintenant que la femme a été
condamnée et qu'elle a subi en même temps la
mort naturelle et la mort civile, à qui reviendra
la part de la femme dans la communauté? Pour
suivre exactement les principes de la matière, il
faudrait dire que cette part fait partie de la succession de la femme, que le fisc doit s'en emparer
avec tout le reste, et que ni le mari, ni les héritiers, n'ont droit à y rien prétendre. Mais tel n'é-
tait pas l'avis communément suivi dans la pra-

tique. Quelques coutumes, celles du Bourbonnais, du Nivernais, d'Orléans, de Tours, etc., attribuaient cette moitié soit au fisc, soit aux héritiers, soit au mari. C'est cette dernière opinion qui prévalait dans les pays où la coutume était muette sur ce point.

En effet, tout le monde s'accorde à repousser le fisc, dont la cause est toujours défavorable; et aussi il n'est pas juste que le crime de la femme enlève à son mari un droit qu'il tient de la loi, et le prive en même temps de la jouissance de biens qui ne sont fort souvent autre chose que le fruit de ses travaux. Le mari jouira donc, sa vie durant, et avec la même autorité que si la communauté subsistait encore, de la totalité des biens qui la composaient, et, après sa mort, la moitié qui appartenait à sa femme passera aux héritiers de cette femme.

Si la condamnation de la femme emporte simplement la mort civile, le mariage subsistant, le mari doit subvenir aux besoins de la femme; il faut donc lui laisser ce qui lui a été donné justement pour l'aider dans ces dépenses; il est, de plus, un principe certain, c'est que jamais la dissolution de la communauté n'arrive par le fait de la femme: aussi, et telle est l'opinion de Dumoulin, le mari, dans ce cas, conservera la communauté avec les mêmes droits et les mêmes charges qu'avant la condamnation de la femme.

81. Malgré la maxime de droit : *Jamais mari ne paya douaire*, dans l'ancienne jurisprudence,

on adjugeait à la femme son douaire, même avant la mort du mari, quand la communauté venait à être dissoute par une séparation de biens. Différents auteurs, Coquille, Bacquet, Brodeau sur Louet, citent quelques arrêts adjugeant à la femme son douaire après la mort civile du mari. Mais la jurisprudence a changé depuis, et il est certain que la femme ne peut jamais obtenir la jouissance provisionnelle de son douaire (1). La femme ne doit pas avoir d'autre état à soutenir que celui que tient son mari lui-même ; des aliments devront lui suffire, et on lui en accorde toujours quand elle en a besoin.

Quelques coutumes font exception à cette règle générale ; celles de Nivernais, d'Anjou, du Maine, veulent que la femme puisse avoir son douaire, quand les biens du mari sont vendus pour payer ses dettes ; d'où l'on peut conclure, *a fortiori*, que la décision sera pareille en cas de mort civile. La coutume de Melun est plus explicite ; elle porte que le douaire peut être demandé après la mort naturelle ou civile du mari. Mais ce sont là des dispositions particulières qui ne s'étendent pas en dehors du territoire régi par ces coutumes.

82. A l'égard de la légitime, c'est une question fort controversée de savoir si les enfants sont en droit de se la faire adjuger. La confiscation a été introduite en droit pour punir dans leurs descendants ceux que ne pourrait retenir la crainte de

____

(1) Argou, Renusson, Louet, Ferrières.

peines personnelles; ce surcroît de peine n'existerait plus, si la loi, se contredisant elle-même,
donnait aux enfants du condamné la même part
dans ses biens que s'il était mort naturellement,
integri status (1). Cependant, nous n'irons pas
aussi loin que Bacquet, qui refuse aux enfants,
même des aliments; il est toujours admis, au
contraire, qu'ils pourront en réclamer; ce serait
les jeter fatalement dans la voie du crime que de
leur refuser le nécessaire. Dans les pays de droit
écrit, on adjugeait à la femme et aux enfants le
tiers des biens du condamné, pour se les partager entre eux par portions viriles.

83. Un ascendant donateur reprend, dans la
succession du donataire décédé sans postérité, les
biens par lui donnés; il doit en être de même
quand le descendant donataire aura encouru la
mort civile; mais le donateur pourra-t-il exercer
ce droit immédiatement, ou faudra-t-il attendre
la mort naturelle du donataire ? Le donataire est
propriétaire complet du bien donné; il a pu le
vendre, le donner, et annuler ainsi le droit du
donateur, qui n'a pu compter que sur la mort na·
turelle pour reprendre sa donation; aussi dirons-
nous que les biens, dans ce cas, devront être
remis au confiscataire, pour qu'il en jouisse jusqu'à la mort naturelle du condamné, et, à ce moment seulement, l'ascendant donateur, s'il existe
encore, pourra exercer son droit.

---

(1) *Sic.* Bacquet, Traité des droits de justice; Lemaître, sur la
coutume de Paris. — *Contra,* Choppin, Carondas, Ricard.

84. Si le père a fait une donation à son fils en avancement d'hoirie, que le fils vienne à subir ensuite la confiscation, le père aura le droit de reprendre les biens par lui donnés (1). Bien plus, si, le fils donataire en avancement d'hoirie étant mort, son père lui avait succédé, puis avait été confisqué, tout autre des enfants du père frappé de confiscation avait le droit de réclamer ces biens (2), tellement ce droit de retour est favorable.

85. Les confiscataires doivent contribuer au paiement des dettes en proportion de ce qu'ils prennent, sauf exception. Ainsi, en Normandie, le roi prend la première année des revenus de tous les immeubles, à la charge de payer tous les arrérages des rentes foncières dues pour la même année. Cependant, s'il n'y a pas de meubles, la partie civile qui a fait les frais du procès peut être remboursée sur les fruits de la première année au préjudice du roi (3).

Les biens ne sont acquis au fisc ou au seigneur confiscataire que du moment où la mort civile est arrivée; mais avant ce moment, les biens étaient en quelque sorte hypothéqués depuis le crime commis. Les aliénations que le criminel en aurait pu faire avant l'accusation seront révo-

---

(1) Ainsi jugé par arrêt du 18 juin 1617.

(2) Ainsi jugé par arrêt du parlement de Rouen du 17 juillet 1616.

(3) Ainsi jugé par arrêt du 8 juin 1616.

quées, surtout si l'on s'aperçoit qu'elles ont été frauduleuses de la part de l'acquéreur (1).

86. Certaines coutumes, celles de Guienne, de Bretagne, d'Anjou, n'admettaient pas la confiscation comme conséquence des condamnations capitales. Les condamnés étaient alors considérés implicitement comme indignes de laisser un testament, et leurs biens passaient à leurs héritiers comme s'ils étaient morts naturellement intestat.

Quelques auteurs, au contraire, croyaient le testament valable; ils disaient qu'il ne pouvait être annulé pour incapacité, puisque le testateur était constamment capable au moment de la confection; que relativement à l'incapacité au moment de la mort civile, elle serait la même pour les religieux, dont cependant les testaments étaient valables; ils concluaient que ce testament devait être exécuté; mais c'est une faveur que la loi accorde aux citoyens de faire exécuter leur volonté après leur mort, et elle refuse cette faveur à l'individu qui vient à encourir la mort civile. Quels que soient du reste les successeurs, ils seront tenus des mêmes charges, dettes, amendes, réparations civiles dont sont tenus les confiscataires dans les pays où les biens sont confisqués.

87. II. *Substitutions.* — Sur la question de savoir si la mort civile du grevé donnait ouverture à la substitution, de grandes divergences exis-

---

(1) Ainsi jugé par arrêt du parlement de Rouen du 30 Janvier 1629. *Sic.* Tiraqueau, Choppin.

taient parmi les auteurs et les parlements. Cette question, du reste, même dans l'ancien droit, ne présentait plus qu'un intérêt historique, car l'ordonnance de 1747 avait tranché la difficulté.

Le parlement de Paris, dans quelques arrêts (1), le grand conseil (2), adoptaient la décision donnée par le droit romain, en faisant la distinction entre la condamnation aux mines et la déportation, entre les galères et le bannissement à perpétuité; mais l'analogie ne peut exister par cela seul que l'on ne connaît pas en France la servitude de la peine. La jurisprudence changea peu après, et le parlement de Toulouse décida plusieurs fois que jamais la mort civile ne donnait ouverture à la substitution. Telle était aussi l'opinion de Ricard. Cette décision paraît en contradiction avec les principes de la matière, si l'on considère l'intention qui a dicté l'établissement de la substitution. En effet, on a voulu par ce moyen que les biens fussent conservés pour être remis intacts aux héritiers, de telle sorte que quand le grevé ne pourrait les posséder ils fussent remis au substitué. Le grevé n'a, pour ainsi dire, qu'un usufruit sur ces biens; la mort civile met fin à l'usufruit, qui alors se réunit à la nue propriété. C'est d'après ce principe que l'ordonnance de 1747 a été rédigée (3) : *Dans tous les cas où la*

---

(1) Entre autres un arrêt de 1599.
(2) Arrêt du 17 février 1582.
(3) Ordonnance de 1747, tit. 1, art. 24.

*condamnation pour crime emportera mort civile,
elle donnera lieu à l'ouverture du fidéicommis
comme la mort naturelle; ce qui sera pareillement
observé à l'égard de ceux qui auront fait profession
solennelle de la vie religieuse.*

88. III. *Usufruit.* — L'usufruit accordé à une
personne ne peut appartenir qu'à elle, et si quelqu'un peut la représenter dans la jouissance de
ce droit, ce ne peut être que pendant le temps où
elle pourrait en jouir elle-même. L'usufruitier
devenant incapable de conserver aucun de ses
biens par suite de la mort civile, les créanciers
ou héritiers ne peuvent la représenter dans
l'exercice d'un droit qui ne réside plus sur sa
tête.

Il n'en était pas de même des rentes viagères;
on a dit que la raison de cette différence était
dans la capacité du mort civilement de recevoir
des aliments, mais rien ne prouve qu'une rente
viagère ait été constituée à titre d'aliments; bien
plus, Pothier nous dit que cette rente serait payée
non pas au condamné, mais au confiscateur auquel
appartiendraient tous les biens du condamné; il
explique le maintien de la rente viagère par cette
raison que : « elle devait durer tout le temps que
« les parties contractantes, lors du contrat de
« constitution, ont voulu qu'elle durât, et qu'il
« est évident que le temps que les parties avaient
« alors en vue était le temps de la vie naturelle
« de la personne sur la tête de qui on constituait

« la rente, et qu'elles n'ont pas même pensé à la
« mort civile. »

59. IV. *Sociétés.* — « La mort civile opère le
« même effet, à l'égard de la société, que la mort
« naturelle, parce que la personne, étant hors
« d'état d'agir, est, à l'égard de la société, comme
« si elle était morte (1). »

60. V. *Droits féodaux.* — La mort civile du
vassal donne ouverture aux droits féodaux. Lorsque, par suite d'une diminution capitale, un
fief change de mains, le nouveau vassal doit ac-
quitter les mêmes droits utiles et honorifiques
que si le vassal précédent était mort naturellement.

Il y a plus de difficulté lorsque la mort civile
vient à être encourue par l'homme vivant et
mourant. Comme les communautés, au moyen de
la subrogation perpétuelle de personnes en personnes, ne s'éteignent jamais, le seigneur suzerain perdrait les droits tant utiles qu'honorifiques
qui lui reviennent à chaque mutation arrivant
par la mort du vassal. Pour obvier à cela, les
gens de mainmorte sont tenus de présenter au
suzerain un homme qui lui tienne lieu de vassal :
c'est ce que l'on appelle l'homme vivant et mourant. La raison de douter est que le seigneur ne
connaît d'autre vassal que cet homme vivant et
mourant, et qu'il pourrait sembler naturel que
tout événement donnant en général ouverture

____

(1) Domat, Lois civiles.

aux droits féodaux, dût avoir le même effet s'il se produisait en la personne de cet homme. Cependant tous les auteurs décident que la mort naturelle seule aura cet effet (1) ; c'est aussi la jurisprudence générale. On donne pour motif que les gens de mainmorte, en présentant l'homme vivant et mourant, n'ont dû penser qu'à la mort naturelle, comme pouvant donner ouverture aux droits.

Quelques coutumes, celles de Bretagne, de Normandie, obligent les gens de mainmorte de donner au seigneur un homme vivant, mourant et confiscant. Dans ce cas, la mort civile de cet homme donne lieu à la confiscation au profit du seigneur haut justicier, et sa mort naturelle donne ouverture aux droits féodaux au profit du seigneur suzerain.

CHAPITRE IV.

DE LA FIN DE LA MORT CIVILE.

61. C'est par un effet de la volonté du roi, par des lettres émanées de lui, que la mort civile peut cesser. Ces lettres, pour qu'elles produisent leur effet, doivent être entérinées dans une cour de justice; aussi sont-elles toujours adressées à un juge, pour lui être présentées par l'impétrant à fin d'entérinement. Le juge peut, doit même exa-

----

(1) *Sic*, Dumoulin, Duplessis.

miner ces lettres, et il refuse de les entériner s'il voit que les faits ont été exposés mensongèrement, et que l'on a voulu surprendre la religion du roi. La partie civile peut s'opposer à l'entérinement dans les trois mois de la présentation des lettres, pour obtenir auparavant le paiement de ce qui lui serait dû.

Ces lettres émanées du roi diffèrent les unes des autres sous quelques rapports ; ainsi les lettres d'abolition abolissent le crime et toutes ses suites, il y est dit que le roi pardonne le cas *de quelque manière qu'il soit arrivé* ; l'impétrant redevient pleinement citoyen. Les lettres de pardon, de rémission, de rappel de ban ou des galères, de réhabilitation, rendent aussi la vie civile et les biens, non confisqués d'ailleurs, à celui qui les a obtenues.

Il pourra se faire encore que la mort civile cesse légalement, dans le cas de condamnation par contumace, mais nous rejetons ce point à une quatrième partie.

TROISIÈME PARTIE.

DROIT FRANÇAIS MODERNE.

SOMMAIRES.

76. Il ne peut être tuteur.

77. Il ne peut ester en justice qu'avec l'assistance et sous le nom d'un curateur.

78. Il ne peut être témoin ni dans un acte public ni en justice.

79 Les actes faits antérieurement à la mort civile ne seront annulés que s'ils sont entachés de fraude.

80. Le mort civilement pourra vendre et acheter par acte public, recevoir et consentir hypothèque.

81. Il aura la propriété littéraire sur ses ouvrages, pourra prendre un brevet d'invention; il ne pourra faire cession de bien, ni exercer le retrait de droits litigieux, ni compromettre.

82. Des donations entre-vifs ou testamentaires.

83. Le mort civilement peut recevoir et exiger des aliments; on peut en revevoir et en exiger de lui.

84. Les donations manuelles ne sont pas permises.

85. La suppression de la confiscation n'a pas entraîné l'abrogation de l'art. 33 du Code Napoléon.

86. De la confiscation et des vicissitudes qu'elle éprouva avant sa suppression.

87. Le mort civilement est considéré comme indigne de laisser un testament.

88. Le testament seul est annulé, et non les institutions contractuelles.

89. Les droits de succession anormale et de retour conventionnel pourront être exercés par les donateurs.

90. La mort civile a les mêmes effets que la mort naturelle, eu égard aux conventions matrimoniales.

91. La mort civile libère le débiteur vis-à-vis de ses créanciers.

92. Elle ouvre le droit des appelés à la substitution.

93. L'usufruit légal ou conventionnel s'éteint par la mort civile. — Il n'en est pas de même des droits d'usage et d'habitation et de la rente viagère.

94. La société est dissoute.

95. La simple grâce ne fait pas cesser par elle-même la mort civile.

96. La réhabilitation et l'amnistie ne font cesser la mort civile que pour l'avenir.

62. Venue du droit romain, adoptée en France par les pays de droit écrit et par ceux de droit coutumier, sanctionnée par la jurisprudence générale du royaume, la mort civile est arrivée jusqu'à nous sans avoir reçu beaucoup de modifications importantes. Cependant ses conséquences ont été adoucies sous certains rapports ; la confiscation, par exemple, a été supprimée ; mais, d'un autre côté, des citoyens ont été frappés de mort civile par les deux décrets de 1809 et de 1811, sans qu'aucun jugement soit intervenu ; et l'on a vu la cour des pairs prononcer, directement et comme peine principale, la mort civile contre le prince de Polignac. Ajoutons aussi que la loi du 12 janvier 1816, sur le régicide, a respecté le principe qui veut que la mort civile soit toujours la conséquence d'une condamnation, et que les régicides bannis du royaume ne sont pas morts civilement (1). De plus, la déportation n'entraîne plus la mort civile, depuis la loi du 8 juin 1850.

La mort civile avait été supprimée en principe dans le Code des 25 septembre-6 octobre 1791 (2) ; mais elle fut bientôt rétablie par la loi du 28 mars 1703, pour frapper les émigrés ; et enfin, malgré l'énergique opposition du Tribunat (3), elle fut placée dans le Code Napoléon. Elle a subi depuis

----

(1) Ainsi jugé par arrêt de la cour de cassation du 20 janvier 1821.

(2) Titre iv, art. 1, 2 et 3.

(3) Locré, tome ii.

ce temps encore quelques modifications que nous signalerons en leur lieu.

63. Mais avant d'aller plus loin, il faut savoir ce qu'est la mort civile. « C'est, dit M. Fœlix, l'état « d'un condamné à l'une des peines auxquelles « la loi a attaché, comme conséquence, l'exclu- « sion de toute participation à certains droits ci- « vils. » — « La mort civile, dit M. Duranton, est « un état, une qualité personnelle de l'individu « qui l'accompagne partout où il porte ses pas, « dans tous les rapports de l'individu avec des « Français. » Ainsi, nous le voyons, c'est un état particulier à certains individus. Peu importe dans quelle position ils se trouveront ensuite, vis-à-vis des Français ils sont morts civilement. Mais ils peuvent acquérir les droits civils dans d'autres pays ; alors même ils ne seront pas considérés, vis-à-vis des Français, comme étrangers : ce seront toujours des individus en état de mort ci- vile.

CHAPITRE Ier.

QUELLES CONDAMNATIONS EMPORTENT MORT CIVILE.

La mort civile n'est pas une peine proprement dite, c'est l'accessoire d'autres peines. Les tribu- naux ne prononcent jamais la mort civile ; elle résulte tacitement des peines qu'ils prononcent.

64. En 1804, lorsque le Code Napoléon fut ré- digé, il n'existait qu'une seule peine perpétuelle,

la mort; et l'art. 23 dispose qu'elle emportera la mort civile. Mais on prévoyait qu'il pourrait devenir nécessaire d'établir d'autres peines perpétuelles; et comme on ne pouvait attacher la mort civile qu'à des peines de cette nature, l'art. 24 décida que celles-ci, dans l'avenir, pourraient emporter la mort civile, mais seulement lorsque la loi y aurait attaché cet effet. Puis en 1810, quand on s'occupa du Code pénal, l'art. 18 donna la même conséquence aux condamnations aux travaux forcés à perpétuité et à la déportation.

Nous voyons donc que pour qu'une peine emporte mort civile, il faut qu'elle réunisse ces trois caractères, qu'elle soit afflictive, perpétuelle, et que la loi y ait attaché cet effet.

La condamnation à la mort naturelle emportera la mort civile (art. 23). Il semble qu'il était inutile de dire que la condamnation à la mort naturelle emporterait la mort civile, puisque cette dernière ne date que du moment de l'exécution. Il fallait cependant bien spécifier ce cas de mort civile, car il arrive souvent que la condamnation n'est exécutée que par effigie, et cette exécution fait encourir la mort civile par le condamné. De plus, alors même que l'exécution aurait eu lieu réellement, la mort civile empêchera le condamné de laisser un testament valable.

Les travaux forcés à perpétuité et la déportation ont aussi pour conséquence de faire encourir au condamné la mort civile (art. 18, Code pénal).

La déportation est en général une peine réservée aux condamnés pour crimes politiques, et ceux-ci ont toujours été traités moins sévèrement que les condamnés pour crimes ordinaires. Aussi le deuxième paragraphe de l'art. 28 du Code pénal permet au gouvernement d'accorder au condamné l'exercice de tout ou partie des droits civils. Et cela était nécessaire; car les condamnés, devant, dans l'intention du législateur, vivre éloignés de France mais dans une sorte de liberté, leur existence aurait été trop pénible, d'autant plus que le crime politique ne dénote pas une dépravation morale comme le crime ordinaire. Tel était l'état du déporté lorsque la loi du 8 juin 1850 a disposé que la déportation n'emporterait plus la mort civile; de sorte que dans l'état actuel de la législation, la mort et les travaux forcés à perpétuité sont les seules peines emportant mort civile.

65. Les peines prononcées par des tribunaux étrangers, que le crime commis soit ou non de droit commun, ne peuvent priver en France le Français d'aucun de ses droits. Mais si un étranger a été condamné par un tribunal étranger et qu'il soit mort civilement dans son pays, il le sera aussi en France, parce que les statuts personnels régissent les étrangers en France quant à leur état et à leur capacité. Par contre, l'étranger, en France, pourrait encourir la mort civile par suite d'une condamnation prononcée par les magistrats français, car les lois de police et de sûreté obligent tous ceux qui sont sur le territoire. L'art. 35 du Code pénal nous donne d'ailleurs un exemple de

l'influence que peut avoir, sur la capacité de l'étranger, une condamnation prononcée par un tribunal français (1).

66. Les condamnations prononcées par des tribunaux militaires devront-elles emporter la mort civile? Oui, répond-on, l'autorité, qui dans ce cas condamne à la peine de mort, est la même que celle qui agit dans les autres tribunaux, et le souverain peut étendre et réserver les formalités; mais, de quelque manière que l'on procède à son égard, dès qu'un sujet est condamné à mort, il est considéré comme n'existant plus; proscrit par l'État où il est condamné, il ne peut en invoquer les lois dans aucun cas, et, puisque la vie civile n'est autre chose que le droit d'exister suivant ces lois, il faut en conclure qu'il est mort civilement.

Nous ferons cependant ici la distinction que nous avons déjà faite, sur cette question, entre les crimes de droit commun et les crimes militaires; la solution sera la même que celle que nous avons donnée pour l'ancien droit (2); d'autant plus qu'autrefois on pouvait prétendre que le soldat s'était volontairement soumis aux rigueurs des lois militaires en embrassant la carrière des armes, et que maintenant on n'en peut pas dire autant; presque

_____

(1) *Sic*, M. Coin-Delisle; M. Demolombe, t. 1, n° 198.—*Contra*, Proudhon, t. 1; M. Demante, t. 1, n° 17 bis iv, qui cependant n'hésiterait pas à appliquer en France toutes les incapacités que la mort civile produit, et qui sont virtuellement comprises dans la condamnation prononcée contre l'étranger.

(2) V. ci-dessus, partie II, n° 30.

jamais les militaires ne sont entrés volontairement au service; et les peines portées contre les délits militaires sont assez sévères déjà, sans y ajouter une aggravation dont l'utilité serait au moins très contestable (1).

Telle paraît du reste avoir été l'opinion émise au conseil d'État : « On a remarqué, dit M. Paillet « sur l'art. 23, dans la discussion au conseil d'État, « que les condamnations prononcées par les tri-« bunaux militaires ne devaient pas avoir des « effets aussi étendus. »

De plus, l'article 8 du Code pénal dit textuellement que les dispositions de ce Code ne s'appliquent pas aux contraventions, délits et crimes militaires ; il faut donc supposer que le législateur n'a pas voulu changer sur ce point les lois antérieures.

CHAPITRE II.

A QUEL MOMENT COMMENCE LA MORT CIVILE.

67. *Les condamnations contradictoires n'emportent la mort civile qu'à compter du jour de leur exécution, soit réelle, soit par effigie* (art. 26). Il semble que cet article soit péremptoire, et cependant il en est peu qui soulèvent autant de difficultés.

---

(1) *Sic,* Delvincourt, t. 1; M. Demante, t. 1, n° 47 bis IV; M. Valette, dans son cours.—*Contra,* M. Duranton, t. 11, n° 218; M. Coin-Delisle; M. Demolombe, t. 1, n° 197.

L'exécution par effigie se faisait autrefois par une exécution réelle sur l'image du condamné; d'après l'article 472 du Code d'instruction criminelle, elle consistait dans l'apposition, faite par l'exécuteur des hautes œuvres, à un poteau planté sur une place publique, d'une affiche portant extrait du jugement de condamnation.

Elle consiste maintenant : 1° dans l'insertion de l'extrait de l'arrêt dans le journal du département où le condamné aura eu son dernier domicile; 2° dans un affichage de cet extrait en trois endroits, la porte du prétoire de la cour d'assises, la porte de la maison commune du chef-lieu d'arrondissement où le crime a été commis, la porte du domicile du condamné (1).

De quelque manière que l'exécution ait eu lieu, elle est nécessaire pour que la mort civile soit encourue; l'article 26 est formel. Mais à quel instant précis commencera la mort civile? Trois doctrines ont été émises; mais il en faut d'abord écarter une qu'il suffit d'énoncer pour la faire repousser. De ce que la prescription se compte par jours et non par heures, que pour le calcul des délais de prescription on ne compte jamais le *dies a quo*, on voudrait conclure que la mort civile ne datera que de la fin du jour où l'exécution a eu lieu; de telle sorte qu'un homme exécuté depuis plusieurs heures jouirait encore de la vie civile et serait apte à recueillir,

____

(1) Loi du 2-9 janvier 1850.

Les deux autres opinions demandent à être examinées plus longuement.

Beaucoup d'auteurs pensent que la mort civile datera du commencement du jour de l'exécution, et voici leur argumentation : Le Code dit expressément, à compter du *jour* de l'exécution ; on ne peut dire que la mort civile ne sera encourue qu'à l'expiration de ce jour, il faut donc que ce soit au commencement du même jour. « Il est remarqua-« ble, dit-on, que les mots *à compter du jour*, ne « sont pas synonymes de ces autres mots, *à comp-* « *ter du moment.* » La vie civile, de plus, ne peut pas se compter par heures comme la vie naturelle; la prescription elle-même se compte par jours, et cette disposition de l'article 2260 suffit pour mettre en lumière l'intention secrète du législateur (1). Il est facile de répondre à ces arguments. En parlant du jour de l'exécution, les rédacteurs du Code n'ont pas eu pour but d'empêcher la discussion qui nous occupe, mais bien plutôt de trancher une difficulté de l'ancien droit, à savoir si la mort civile datait du jour de la condamnation ou de l'exécution: telle a été l'intention secrète du législateur. Quant à l'analogie qui existerait avec l'article 2260, qu'il nous soit permis de dire qu'on ne devrait pas apporter les règles de la prescription ici où aucune prescription n'est en jeu, et que, tout au moins, il

---

(1) *Sic*, Toullier, t. 1, n° 274; Vazeille, art. 719, n° 3; Proud'hon, t. 1, n° 74; M. Zachariæ, t. 1, § 163, n° 4.

faudrait les appliquer toutes, celle, par exemple, qui veut qu'en pareille matière on ne compte jamais le *dies a quo*.

Après avoir repoussé les deux opinions qui font dater la mort civile du commencement ou de la fin du jour de l'exécution, il faut bien se rattacher à la troisième, qui la fait commencer au moment précis de l'exécution. « En général, dit « Delvincourt à ce sujet, la rétroactivité est un « effet exorbitant qui ne peut avoir lieu qu'au-« tant qu'il est formellement exprimé dans la loi. « En général, quand la loi se sert de cette ex-« pression, *à compter de tel jour*, il est de règle « que l'on ne compte jamais le *dies a quo*. C'est « sur ce principe qu'est fondé l'art. 1033 du Code « de procédure (1). Ici à la vérité il ne faut pas « négliger tout à fait le *dies a quo*, mais au moins « faut-il dire que la mort civile ne peut être en-« courue que par l'exécution et du moment de « l'exécution. Donc, jusque-là le condamné a joui « des droits civils, et tous les actes faits par lui « sans fraude doivent être exécutés. »

Merlin, qui combat cette doctrine pour se rattacher à la précédente, est cependant d'une opinion contraire dans une espèce presque identique. L'art. 502 du Code Napoléon dispose que l'interdiction aura son effet *du jour* du jugement, et Merlin avoue que le jour du jugement n'est compris que partiellement, parce que décider autre-

______

(1) Cet article dispose qu'il ne faut jamais compter le jour de la signification ni celui de l'échéance pour le délai général fixé pour les ajournements.

ment serait faire rétroagir le jugement et placer les effets avant la cause.

Toullier, lui aussi, arrive à conclure que « là « mort civile commence au premier moment du « jour de l'exécution, et avant qu'elle soit ac- « complie, » après s'être combattu lui-même par avance : « Le législateur, dit-il, a voulu qu'avant « de produire leurs effets, la société eût connais- « sance des jugements qui retranchent quelque « citoyen de son sein..... elle ne peut en avoir « connaissance que *par l'exécution* qui est pu- « blique..... En général les jugements n'ont d'effet « qu'après leur signification..... la signification à « la société n'a lieu que *par l'exécution* qui est « publique..... D'ailleurs, puisque la mort civile « n'est que la suite d'une peine, *il est nécessaire* « *que cette peine existe pour que la mort civile* « *puisse exister aussi. La mort civile ne peut donc* « *commencer que par l'exécution*, puisque l'effet « ne peut exister sans la cause qui le produit. » Est-ce assez concluant, et peut-on comprendre qu'après cet exposé Toullier dise que la mort ci- vile précédera l'exécution, sans que la société ait été avertie, sans qu'elle ait reçu la notification, sans que la peine existe, qu'il puisse dire en un mot que l'effet précédera la cause ?

A l'appui de notre opinion, nous citerons en- core la loi du 20 prairial an IV. Elle dispose que : *lorsque des ascendants, des descendants et autres personnes qui se succèdent de droit, auront été con- damnés au dernier supplice, et que, mis à mort dans la même exécution, il devient impossible de consta-*

ler leur prédécès, le plus jeune des condamnés sera présumé avoir survécu. Cette présomption, établie par la loi, ne doit s'appliquer que s'il est impossible de constater le prédécès; mais si on le constate, le dernier mourant aura recueilli la succession de ceux qui auront été exécutés avant lui. Si la mort civile était déjà encourue depuis le commencement du jour de l'exécution, peu importerait l'ordre des décès naturels, et l'on devrait toujours appliquer la présomption de la loi, car la mort civile aurait frappé les condamnés absolument en même temps. Le dernier exécuté a pu recueillir sur l'échafaud même la succession de ceux qui viennent d'être exécutés, il n'était donc pas mort civilement à ce moment.

La mort civile datera donc du moment de l'exécution, et cela est logique, conséquent avec l'esprit général de la loi sur cette matière. La mort civile est l'accessoire d'une peine, n'est produite que par une peine; elle ne peut donc être encourue qu'autant que la peine principale a frappé le condamné (1).

68. Puisque c'est l'exécution qui sert de point de départ à la mort civile, il est de la plus haute importance de fixer le moment où l'arrêt est exécuté.

Aucune difficulté ne se présente pour la peine de mort; c'est le moment où le condamné est

---

(1) *Sic*, Delvincourt; M. Duranton, t. 1, n° 221; M. Coin-Delisle; M. Demante, t. 1, n° 88 bis II.

frappé du coup mortel ; sur les marches même de l'échafaud, s'il venait à mourir naturellement, on ne pourrait dire que la condamnation à mort a été exécutée. La même décision était donnée dans l'ancien droit (1).

Pour les deux autres peines, des actes législatifs récents ont résolu les difficultés qui se présentaient ; mais il faut cependant les examiner. Remarquons d'abord que la peine dans ce cas se prolonge, et que sa durée n'est qu'une continuation de l'exécution ; la mort civile par conséquent sera encourue du commencement même de l'exécution.

L'exposition, à laquelle était soumis tout condamné aux travaux forcés, était considérée généralement comme un commencement d'exécution. L'opinion contraire nous semble plus conforme au texte et à l'esprit de la loi. L'art. 22 du Code pénal est péremptoire : Le condamné, dit-il, *avant de subir sa peine*, demeurera exposé........ Si l'exposition n'a lieu qu'avant de subir la peine, elle n'est donc pas la peine elle-même ; on ne pourra donc dire que la peine à laquelle le criminel a été condamné ait été exécutée, ni par conséquent que la mort civile ait été encourue.

L'exposition est une peine, accessoire il est vrai, que la loi prononce en cas de condamnation aux travaux forcés, mais qui ne peut être consi-

---

(1) Basnage, sur la coutume de Normandie, art. 113 ; Bouhier, sur la coutume de Bourgogne, ch. 33, n° 337.

dérée comme le commencement d'une autre peine; c'est un des préliminaires de l'exécution de la condamnation, mais non l'exécution elle-même ; et si le condamné meurt après l'exposition, avant son entrée au bagne, il est évident que l'on ne pourra dire qu'il est mort aux travaux forcés. C'est seulement au moment de l'entrée au bagne que la condamnation pourra être considérée comme exécutée (1). Cela ne faisait doute pour personne quand l'exposition n'avait pas lieu par suite de la jeunesse ou de la vieillesse du condamné; il en sera de même maintenant que l'exposition a disparu de nos lois pénales (2).

A l'égard de la déportation, la législation a varié, mais sans donner naissance à de sérieuses difficultés d'interprétation. Une loi du 17 septembre 1703 assimila sur tous les points les effets de la déportation à ceux de l'émigration, et, d'après la loi du 28 mars même année, la mort civile était encourue par l'émigration. L'art. 18 du Code pénal de 1810 disposa aussi que les condamnés à la déportation encourraient la mort civile. Mais on n'avait alors aucun lieu de déportation, et, en attendant, les condamnés étaient gardés sur le territoire français, et y subissaient une détention perpétuelle. La peine alors n'étant

---

(1) *Sic*, M. Demante, t. 1, n° 88 bis 111; M. Marcadé, art. 26. — *Contra*, Toullier, t. 1, n° 275; Carnot, art. 18 Code pénal; M. Duranton, t. 1, n° 222.

(2) Décret du 12 avril 1818.

pas exécutée, les condamnés n'encouraient pas la mort civile (1).

Mais telle n'était pas l'opinion unanime ; quelques auteurs (2) pensaient que l'on pouvait alors considérer la mort civile comme encourue à compter de l'affiche du jugement, parce que ces condamnations n'ont pas été exécutées selon leur teneur par la déportation réelle du condamné, et qu'il fallait bien cependant fixer une époque à laquelle la mort civile serait encourue.

Lors de la révision du Code pénal en 1832, le pouvoir législatif sanctionna ce qui n'était auparavant qu'une mesure purement administrative, et décida que, tant qu'il n'y aurait pas de lieu de déportation, la condamnation serait exécutée par la détention perpétuelle dans une forteresse du royaume. Depuis ce temps, cette détention, mode d'exécution de la déportation, a entraîné avec elle la mort civile pour le condamné, et elle date du moment de l'écrou dans la forteresse à ce destinée. La question de savoir à quelle époque commence la mort civile dans le cas de déportation, ne se présente plus maintenant que la loi du 8 juin 1850 a supprimé la mort civile comme conséquence de la déportation.

Pour nous résumer, dans l'état actuel de la législation, la mort civile n'est plus la conséquence que de la peine de mort et de celle des travaux

---

(1) Ainsi jugé par la cour de Toulouse, le 12 août 1820.
(2) Delvincourt ; M. Duranton, t. 1, n° 223.

forcés à perpétuité, et n'est encourue qu'au moment où frappe le coup mortel dans le premier cas, et dans le second au moment où le condamné est écroué au bagne.

Nous appliquerons ici la doctrine déjà exposée par l'ancien droit, relativement aux effets de la remise ou de la commutation de peine accordée au condamné (1). Cette doctrine est, du reste, adoptée par tous les auteurs.

CHAPITRE III.

DES EFFETS DE LA MORT CIVILE.

69. L'art. 22 du Code, disposant que l'effet de la mort civile est de priver le condamné de toute participation aux droits civils *ci-après exprimés*, semble donner comme limitative l'énumération de l'art. 25. Cependant il n'en est pas ainsi ; car il est évident que le condamné sera privé d'autres droits encore, tels que la puissance paternelle, les droits civiques, etc. Cette décision résulte de la discussion au conseil d'État. Toullier nous dit que l'intention ne fut pas de faire une énumération limitative des droits dont la mort civile prive le condamné, parce qu'il aurait été difficile d'en faire une exacte sans en omettre aucun. On crut néanmoins devoir énumérer les principaux droits, pour prévenir les doutes qui s'élevaient sur les effets ordinaires de la mort civile ; ceux,

____

(1) V. ci-dessus, partie II, n° 34.

par exemple, relativement au mariage. Les principes n'étaient pas assez certains pour se dispenser de les fixer; mais on reconnaissait qu'une énumération limitative aurait le grand inconvénient de faire tourner l'omission à l'avantage du condamné. Concluons donc que l'énumération de l'art. 25 n'est qu'énonciative, et que le condamné sera privé de droits civils autres que ceux qui s'y trouvent compris. On peut dire, en général, que le condamné n'aura la jouissance, en fait de droits civils, que de ceux que la loi lui aura expressément conservés, ou qui seront nécessaires au maintien de la vie naturelle qui lui a été laissée. En fait de droits naturels, il aura tous ceux que la loi ne lui aura pas formellement enlevés.

SECTION Ire.

Des effets relativement aux personnes.

70. Avant toute autre question se présente celle de savoir si le condamné conserve sa nationalité. La loi ne dit nulle part que le mort civilement doive la perdre; de plus, la section 1re du chapitre de la privation des droits civils étant intitulée : *De la privation des droits civils par la perte de la qualité de Français*, suppose la conservation de cette qualité dans la 2e section, intitulée : *De la privation des droits civils par suite de condamnations judiciaires.* On ne peut donc dire que le mort civilement soit étranger, ni exiger de lui la caution *judicatum solvi*, à laquelle aucun texte de loi

no le soumet ; et s'il porte les armes contre la France, il sera passible des peines portées dans ce cas contre les Français (1).

§ 1er. — Du mariage.

71. Dans l'ancienne législation française, le mariage du condamné n'était pas dissous par la mort civile ; il était, il est vrai, privé d'effets civils, mais le lien subsistait intact ; les époux ne pouvaient convoler en secondes noces, les enfants naissaient légitimes ; le condamné célibataire pouvait, aux mêmes conditions, contracter mariage.

Il n'en est plus ainsi maintenant ; le mariage a été rabaissé de la dignité de sacrement et n'est plus qu'un simple lien civil ; c'est ce qui résulte d'une manière péremptoire de toutes les discussions au conseil d'État. Tronchet disait : « La loi « ne voyant dans le mariage qu'un *contrat civil*, « elle doit le déclarer complétement dissous. » Treilhard, au Corps législatif, disait aussi « que « l'une des conséquences de la mort civile était « *la dissolution du mariage* du condamné, mais « bien entendu quant aux effets civils seulement, « parce qu'on n'avait dû considérer le mariage « que *comme un acte civil* et dans ses rapports « civils, abstraction faite de la loi religieuse. » — « La rupture d'un lien purement légal (et il

---

(1) M. Demolombe, t. 1, n° 209. Cours de M. Valette.

« n'est que cela aux yeux de la loi) est la suite
« nécessaire de la rupture des droits légaux »
(Rapport du tribun Garry).

Le mariage n'est donc, aux yeux du législateur,
qu'un contrat purement civil, et la loi civile a le
droit de lui ôter tout effet, de l'annuler en son
entier : aussi l'art. 227 donne-t-il, comme une
des causes de dissolution du mariage, la condamnation à une peine emportant mort civile.

Toullier, cependant, encore imbu des principes de notre ancienne jurisprudence, soutient
que le mariage subsiste quant au lien même civil,
que le conjoint du mort civilement ne pourrait
se remarier, tout en convenant que ce mariage
ne produit aucun effet civil ; c'était absolument
la décision donnée dans l'ancien droit. Oubliant
sans doute le texte de l'art. 227, il dit que les
nouvelles lois n'ont pas dérogé aux anciennes à
ce sujet.

Plus récemment, M. Fœlix (1) a soutenu la
même opinion, mais appuyée sur un autre motif.
Il croit que la loi du 8 mai 1816 a implicitement
abrogé le paragraphe 3 de l'art. 227, et voici son
raisonnement : « Si l'abolition du divorce est due
« à l'immoralité de l'institution, combien plus
« immorale est la mort civile ! L'un trouve des
« circonstances atténuantes dans les faits qui le
« provoquent et dans la demande de l'un des
« époux ; l'autre n'en a même pas, car elle blesse

---

(1) Revue de droit français et étranger, t. 6, p. 487.

« la conscience et violente les conjoints. Aussi
« l'esprit de nos lois, si ce n'est le texte, a-t-il
« dû réunir dans une même abolition l'une et
« l'autre institution. »

Ces paroles sont une juste critique de la mort
civile et de ses conséquences relativement au mariage, mais il faudrait autre chose que des in-
ductions tirées de la loi de 1816 pour supprimer
une disposition aussi formelle que celle de l'article 227.

Le mariage contracté antérieurement à la mort
civile est dissous quant au lien civil, puisqu'il
l'est quant à tous ses effets civils. Comme conséquence, le conjoint pourra se remarier. Si la mort
civile vient à cesser, le condamné pourra, lui
aussi, contracter une nouvelle union; si les anciens conjoints veulent se remarier, il faudra un
nouveau mariage avec les mêmes formalités. Si
les anciens conjoints continuent à cohabiter après
la mort civile, les enfants qui naîtraient seraient
enfants naturels et ne pourraient se rattacher
qu'à celui des parents jouissant des droits civils.

72. *Le mort civilement est incapable de contracter un mariage qui produise aucun effet civil* (art. 25,
§ 7). Le droit de contracter mariage est certainement un droit naturel, qui, comme tel, appartient même au mort civilement; seulement la loi
refuse à ce mariage tous les effets civils; elle ne
s'en occupe ni quant à la célébration, ni quant
aux effets; ainsi, ce mariage n'empêcherait pas
civilement d'en contracter un autre; il ne produit

ni la puissance maritale, ni la puissance paternelle sur les enfants qui en naissent; c'est une union naturelle et religieuse, car les conjoints auront le droit de faire bénir cette union par un ministre du culte; et dans ce cas il ne pourra y avoir lieu à l'application des art. 199 et 200 du Code pénal, qui punissent le ministre du culte qui a procédé aux cérémonies d'un mariage avant qu'il lui soit justifié du mariage civil; ces dispositions, faites uniquement pour obliger les citoyens à se marier civilement, ne peuvent trouver leur application dans notre espèce, où la loi refuse de procéder au mariage civil du condamné, sans aucune raison d'ordre public ni de bonnes mœurs.

73. Sous le point de vue du mariage du mort civilement, l'art. 25 a été modifié par l'art. 202. Le mariage nul, mais contracté de bonne foi, produit les mêmes effets qu'un mariage valable, relativement à l'époux de bonne foi et aux enfants. C'est une exception à la règle générale, qui doit être appliquée à notre matière comme à tous les autres cas de nullité. C'est là ce que l'on appelle un mariage putatif. La bonne foi est un caractère essentiel. L'erreur peut porter, soit sur le fait, soit sur le droit. Dans ce dernier cas seulement il y a divergence d'opinions; nul n'est censé ignorer la loi, dit-on; aussi, jamais la bonne foi ne se peut fonder sur une erreur de droit. Malgré cela, en l'absence de toute distinction dans la loi, et à cause de la faveur du mariage, nous croyons qu'il produira ses effets civils sur quelque point

que porte l'erreur (1). La bonne foi se présume toujours; ceux qui attaquent le mariage doivent prouver la mauvaise foi du conjoint. Cependant, à cet égard, M. Zachariæ (2) fait une distinction, que nous n'admettons pas, entre l'erreur de fait qui se présume toujours, et l'erreur de droit qui doit être prouvée.

Le conjoint de bonne foi sera époux légitime, les enfants seront enfants légitimes du conjoint de mauvaise foi. Mais celui-ci sera considéré comme n'ayant ni enfants ni conjoint légitimes; de telle sorte que le conjoint de bonne foi et les enfants auront, vis-à-vis du conjoint de mauvaise foi, tous les droits accordés à ceux qui ont cette qualité légitimement, sans que réciproquement le conjoint de mauvaise foi puisse prétendre avoir aucun de ces droits. Comme conséquence de ce principe, nous pensons que les enfants, que l'époux de bonne foi, pourraient succéder à l'époux de mauvaise foi.

Delvincourt se prononce en ce sens; mais il est facile de réfuter les arguments sur lesquels il base son opinion. Il dit que, dans la succession ab intestat, ce n'est pas le défunt, c'est la loi qui transmet; mais la loi ne peut pas transmettre ce qui ne

____

(1) Ainsi jugé par la cour de Paris le 9 messidor an XIII, le 18 décembre 1837, par la cour de Limoges le 23 août 1841. *Sic* M. Zachariæ, t. 1, § 460, n° 6. — *Contra*, arrêt de la cour de Colmar du 11 juin 1838; Toullier, t. 1, n° 638, et t. 11, n° 819; Vazeille, t. 1, n° 272.

(2) *Loc. cit.*, note 7.

lui appartient pas; c'est toujours le défunt qui transmet, et la loi sur les successions n'est, comme le disait Treilhard, que le testament présumé de ceux qui n'en laissent pas. Delvincourt s'appuie aussi sur ce que les biens du condamné, au moment de la mort civile, passent à ses héritiers, disant que là aussi la loi transmet aux héritiers les biens d'un homme atteint d'incapacité de transmettre, puisqu'il ne peut laisser de testament valable; cet argument tombe si on remarque que ce n'est pas ici l'incapacité qui fait annuler le testament du condamné, mais son indignité.

La disposition même de l'art. 202 nous paraît péremptoire. Le mariage putatif produit les effets civils en faveur des enfants issus du mariage; n'est-ce donc pas un effet civil du mariage de donner aux enfants qui en sont issus le droit de succéder à leurs parents? On ne peut objecter ni l'art. 25, qui dit que le condamné ne peut transmettre par succession aucun des biens acquis depuis la mort civile, ni l'art. 33, qui dispose que tous les biens appartiendront à l'État par droit de déshérence.

Il n'y a déshérence que quand le défunt ne laisse aucun parent légitime en ordre successible; et, dans l'espèce qui nous occupe, il y a des enfants légitimes qui devront succéder. Quant à l'incapacité du condamné de transmettre par succession, cette incapacité est une règle générale, à laquelle une disposition particulière et postérieure est venue déroger : *specialia generalibus derogant*.

Les enfants, dans ce cas spécial de mariage putatif, sont enfants légitimes, et, comme tels, ont droit à la succession. On convient bien que les enfants pourront succéder au conjoint de mauvaise foi, quand même il y aurait crime de bigamie ou d'inceste ; et cependant les enfants, en réalité adultérins ou incestueux, seraient, sans la faveur du mariage putatif, incapables de recevoir de leur père, de même qu'il y aurait incapacité du père de leur transmettre. Si la bonne foi de l'autre conjoint empêche que l'on ne s'arrête à cette double incapacité, pourquoi n'en serait-il pas de même dans le cas de mort civile, où l'incapacité n'existe que d'un côté, car les enfants sont pleinement capables de recevoir? Si ce raisonnement, du reste, ne paraît pas concluant, au moins est-il de nature à faire naître le doute, et nous croyons qu'on devra appliquer cet axiome de droit, *favores ampliandi*, et que la cause des enfants l'emportera sur celle du fisc (1).

Alors même que l'on considérerait comme absolue cette incapacité du mort civilement de transmettre aux enfants issus du mariage putatif, au moins faut-il dire que ceux-ci pourront succéder aux parents du conjoint de mauvaise foi. Fic-

---

(1) Notre opinion est combattue par Toullier, t. 1, n° 281; Vazeille, n° 281; M. Duranton, t. 1, n° 238; M. Demante, t. 1, n° 55 bis, VIII; M. Marcadé, art. 25, n° 8.

tivement le mariage de cet individu est considéré comme légitime; fictivement la loi rétablit l'anneau qui manque dans la chaîne par la mort civile du père, et alors l'enfant, passant par-dessus cet anneau, ira se rattacher aux parents légitimes de son père légitime. Telle était l'opinion de l'ancienne jurisprudence, et il n'est pas probable que le Code ait voulu s'en écarter. Pothier soutenait l'opinion contraire, disant que le père n'avait pu transmettre à ses enfants plus de droits qu'il n'en avait lui-même. Mais les enfants sont légitimes, ils ont tous les droits accordés aux enfants légitimes; s'ils ne succèdent pas au conjoint mort civilement, c'est qu'il est absolument incapable de transmettre; mais tous ceux que n'atteindra pas cette incapacité pourront avoir pour héritiers leurs parents, quoique nés d'un mariage putatif.

74. Que le mariage soit antérieur à la mort civile ou qu'il ait été contracté depuis, la dissolution ou la nullité, conséquence de l'état du condamné, ne sont pas de telle nature que la séparation des deux conjoints doive être poursuivie par mesure d'ordre public, en exécution de l'art. 190. La cohabitation est permise, seulement les effets ne diffèrent pas de ceux du concubinage. C'est une union naturelle à laquelle la loi civile ne confère aucun droit, et qu'en conséquence elle ne s'occupe pas de réglementer.

Le mariage est dissous, et, en même temps que le mariage, tous les droits qui en découlent. La puissance maritale est complétement anéantie, et la femme est véritablement une veuve qui rentre dans la plénitude de ses droits et peut faire désormais tous les actes de la vie civile, seule et sans avoir besoin de l'autorisation de la justice.

§ 2.— De la puissance paternelle.

75. La puissance paternelle, quoique bien moins étendue maintenant qu'elle ne l'était autrefois, surtout en droit romain, confère cependant à celui qui en est revêtu différents droits énumérés au titre de la puissance paternelle, ou disséminés dans d'autres titres. Les plus importants sont ceux de correction, d'usufruit légal, et le droit d'empêcher le mariage de l'enfant en refusant l'autorisation que la loi demande aux parents : « Nous ne connaissons, dit M. Demante, « aucun texte de loi qui emporte privation en- « tière et absolue de ce droit de puissance pater- « nelle, excepté l'art. 335 du Code pénal, qui la « prononce contre les père et mère coupables « d'avoir excité, favorisé ou facilité la prostitu- « tion ou la corruption de leurs enfants. Toute- « fois il est difficile d'admettre que la loi entende « réserver cette autorité au parent frappé de « mort civile. »

La puissance paternelle et toutes les conséquences qui en découlent sont de droit purement civil, et il aurait fallu une disposition expresse de la loi pour la conserver au mort civilement.

À la mort civile du père, cette puissance passera
à la mère, de même que si le père était mort naturellement ; et si, plus tard, le père, recouvrant
la vie civile, reprenait l'exercice de la puissance
paternelle, il devrait respecter les actes faits par
la mère.

La puissance paternelle cessera aussi par la
mort civile que l'enfant viendrait à encourir.

§ 3. — De la tutelle.

76. La parenté est un lien naturel sur lequel la loi
civile n'a aucune puissance ; ce n'est pas elle qui
lui a donné naissance, il lui est impossible de le
faire disparaître : *civilis ratio civilia jura corrum-
pere potest, naturalia vero non utique.* Mais à ce
lien naturel la loi a pu attribuer des effets civils
et en faire la source de certains droits ; tels sont
ceux de puissance paternelle, de succession, etc. ;
tel est aussi le droit de tutelle. Aussi l'art. 25 dit-
il, à son quatrième paragraphe : *Le mort civilement
ne peut être nommé tuteur* (il serait plus exact de
dire qu'*il ne peut être tuteur*) *ni concourir aux opérations de la tutelle.*

Cette privation du droit de tutelle est absolue;
cela résulte de la combinaison de notre art. 25
avec les art. 443 du Code Napoléon, 28 et 31 du
Code pénal. Toute condamnation à une peine afflictive ou infamante emporte exclusion ou desti-
tution de la tutelle (art. 443 C. Nap.); mais dans
le cas de condamnation emportant, comme con-

séquence, la dégradation civique, travaux forcés
à temps, détention, réclusion, bannissement (art.
28 C. pén.), le condamné pourra concourir aux
opérations de la tutelle pour ses propres enfants,
et seulement sur l'avis conforme du conseil de
famille (art. 31 C. pén.). En conséquence, les criminels condamnés à des peines ne rentrant pas
dans cette exception ne pourront être tuteurs ni
curateurs de personne, ni faire partie d'un conseil
de famille. Cependant il a été jugé que la présence d'un père mort civilement aux délibéra-
tions du conseil de famille, n'annule pas la déli-
bération, si, outre le père, il existait un nombre
suffisant de parents capables (1).

§ 4. — Du droit d'ester en justice.

77. Cette faculté dérive du droit civil, et est réglée
par lui ; l'application stricte des principes aurait
dû faire refuser au mort civilement l'exercice de
ce droit ; mais, d'un autre côté, on lui permet,
entre autres actes du droit des gens, de faire le
commerce. Pour que cela lui soit possible, il faut
qu'il puisse aussi poursuivre devant les tribunaux
l'exécution des obligations envers lui contractées,
et que ses créanciers puissent le poursuivre dans
le même cas.

Avant le Code Napoléon, la mort civile n'emportait pas incapacité d'ester en justice sans l'as-

---

(1) Arrêt de la cour de Paris du 26 thermidor an IX.

sistance d'un curateur, lorsqu'il s'agissait d'exercer une action dérivant d'un contrat du droit des gens : du contrat de vente, par exemple (1). Mais notre nouvelle loi n'a pas voulu que l'homme qu'elle a retranché de la société, qu'elle considère comme n'existant plus, procédât par lui-même en justice : il ne le pourra que sous le nom et par le ministère d'un curateur spécial. Le curateur ne peut être nommé par la famille, le mort civilement n'en a plus ; il le sera par le tribunal devant lequel l'action sera portée (art. 25, § 6).

La vie naturelle et les moyens de la soutenir ont été laissés au condamné ; la société devra donc poursuivre ceux qui auraient commis quelque acte criminel contre sa personne ou ses biens, et il pourra porter plainte contre eux. De ce que le mort civilement est retranché de la société, il ne s'ensuit pas qu'il puisse en violer les lois ; il sera soumis aux lois de police et de sûreté, comme tous ceux qui sont sur le territoire, et, comme eux, pourra être poursuivi devant les tribunaux.

§ 5. — Du droit d'être témoin.

78. Le mort civilement ne pourrait être témoin dans un acte public, comme un acte de l'état civil, une donation, un testament, etc. Il ne pourra

---

(1) Ainsi jugé par arrêt de la cour de cassation du 17 avril 1809.

non plus être admis à porter témoignage en justice ; cependant, il pourra être entendu, mais
seulement pour donner do simples renseigne-
ments, et ne sera pas admis à prêter serment
(art. 269 Code d'inst. crim.), et les juges devront
avoir tel égard que de raison aux paroles d'un
homme flétri par la justice.

SECTION II.

Des effets relativement aux choses.

§ 1er. — Des incapacités.

79. Dans notre ancien droit, alors même que
la mort civile n'avait aucun effet rétroactif, on
considérait les biens des condamnés comme hypothéqués au fisc depuis le crime commis, et les
aliénations qui en auraient été faites étaient annulées, si on leur trouvait un caractère frauduleux. Il en était de même, dans notre droit nouveau, lorsque la confiscation des biens était la
conséquence de la condamnation pour certains
crimes ; une vente même pouvait être annulée,
s'il était prouvé qu'elle avait été faite en fraude
de la confiscation qui menaçait le vendeur, depuis condamné à une peine emportant la mort
civile.

Il y a plus, l'art. 14 de la loi du 20 frimaire
an II porte que tout acte contenant donation, reconnaissance, obligation ou engagement quel-

conque, de la part d'un individu dont les biens ont été confisqués par jugement, est nul et sans effet à l'égard de la République, s'il n'a une date certaine et authentique antérieure au décret d'arrestation ou d'accusation, mandat d'arrêt ou ordonnance de prise de corps. Dans ce cas, c'est l'autorité judiciaire et non l'autorité administrative qui doit juger si ces actes sont frauduleux. La circonstance que le séquestre ait déjà été apposé sur les biens ne suffit pas pour rendre l'autorité administrative compétente (1).

Mais que doit-on décider à l'égard des aliénations faites par un accusé qui depuis a été condamné à une peine emportant mort civile, pour un crime qui n'entraîne pas la confiscation des biens?

La section de législation du conseil d'État avait proposé, lors de la discussion du projet du Code, d'y insérer un article ainsi conçu : « Tous les « actes d'aliénation faits par l'accusé d'un délit « auquel la loi attache une peine emportant « mort civile sont réputés frauduleux dans le cas « où il est condamné à cette peine. »

A l'appui de cette proposition, nécessaire, suivant lui, pour prévenir les procès multipliés que produisait la faculté d'attaquer chaque acte en particulier, Tronchet disait : « Les actes que fait « un accusé dans la vue de changer les effets qu'il « prévoit que la condamnation produira sur ses

____

(1) Décret du 10 mai 1807.

« biens sont frauduleux. Comme tels, ils peuvent
« être attaqués, après la condamnation, par ceux
« dont ils blessent les intérêts; car tout acte in-
« fecté de fraude est nul. L'article proposé ne
« blesserait aucun intérêt; les créanciers demeu-
« reraient dans leurs droits, s'ils pouvaient prou-
« ver qu'ils le sont devenus pendant l. cours de
« la procédure par une cause juste et nécessaire;
« les acquéreurs ne pourraient se prétendre de
« bonne foi, puisque la loi les aurait avertis que
« la vente qu'on leur ferait serait nulle. »

Mais il a été répondu que la disposition de cet
article changerait entièrement l'état de l'accusé,
en lui imprimant une incapacité à laquelle il n'est
pas soumis d'après la loi actuelle; que cette incapacité le priverait des moyens d'arranger ses
affaires; qu'elle paralyserait souvent des tran-
sactions légitimes et indispensables; qu'il serait
étonnant qu'on laissât à l'accusé la puissance paternelle, les droits du mariage, tous les droits
enfin, à l'exception de celui que réclame le plus
fortement l'intérêt de sa famille; qu'il faut, sans
doute, que la loi s'applique à prévenir les procès
et à uniformiser la jurisprudence des tribunaux;
mais par rapport au droit, qui concerne toujours
l'intérêt général, et non par rapport aux faits,
qui ne concernent jamais que des intérêts indi-
viduels.

En conséquence, il a été proposé de rejeter
l'article proposé par la section de législation, et
de s'en tenir à la jurisprudence, suivant laquelle

les actes faits par l'accusé ne sont pas prescrits indistinctement par une présomption générale de fraude ; ils sont anéantis individuellement et seulement lorsque les circonstances les accusent, et qu'ils blessent les droits des tiers. Et cette proposition fut adoptée par le conseil d'État.

Telle est encore la règle à suivre dans l'état actuel de la législation ; et, bien plus, les actes seraient encore valables s'ils avaient été faits postérieurement au jugement de condamnation, mais avant l'exécution, soit réelle, soit par effigie, sauf leur annulation pour fraude, si elle existe.

80. I. *Contrats onéreux.* — Tous les actes onéreux en général sont permis au mort civilement ; il pourra vendre, acheter, échanger, etc. Mais ces actes de pur droit naturel ont reçu de la loi civile certaines modifications ; ainsi, la loi ordonne souvent, permet toujours la vente par acte public. M. Troplong (1) pense que le mort civilement ne pourra ni acheter, ni vendre de cette manière, attendu qu'il y aurait en cela participation au droit civil, et que le condamné en est absolument incapable. Mais est-ce donc participer au droit civil que de se soumettre, pour un acte de pur droit naturel, à certaines entraves que la loi a dû y mettre par des considérations complétement indépendantes de la capacité de la personne qui vient contracter? La vente est de

---

(1) De la Vente, tome I, n° 175.

droit naturel, et si le vendeur peut vendre par acte sous seings privés, qu'importe que l'on emploie un acte notarié, qui ne fait que constater authentiquement cette vente, si l'acheteur le désire? De même, si quelqu'un a droit d'acheter par acte sous seings privés, on ne peut lui défendre d'acheter ce que le vendeur, un tuteur par exemple pour un pupille, ne peut vendre qu'aux enchères publiques; c'est là une garantie pour le pupille et non une entrave imposée à l'acheteur.

Le mort civilement peut prêter et emprunter, chacun le reconnaît; mais cette faculté, qui lui est laissée, serait illusoire si on lui défendait de donner ou de prendre les sûretés en usage. Qui donc lui prêterait, s'il ne pouvait hypothéquer ses biens? Et à qui voudrait-il lui-même prêter si rien ne venait garantir le remboursement? Aussi croyons-nous que le mort civilement pourra recevoir et consentir hypothèque.

Le droit romain d'ailleurs accordait positivement cette faculté au déporté : « Emit enim, et « vendit, locat, conducit, permutat, fenus exer- « cet, et cætera similia, et postea quæsita pi- « gnori dare potest, nisi in fraudem fisci, qui ei « mortuo successurus est, ea obliget (1).

Cependant M. Troplong (2) ne partage pas cette opinion, et voici son raisonnement : « L'hypo-

---

(1) Dig., liv. 48, tit. 12, loi 13.
(2) Priviléges et Hypothèques, t. II, n° 463 ter.

« thèque ne peut être établie que par une con-
« vention revêtue de formes solennelles et du
« droit civil. Dès lors, je crois qu'il n'est pas pos-
« sible qu'un mort *civil* vienne emprunter les
« formes du droit civil pour en revêtir ses en-
« gagements. Il répugne à la raison que le mort
« *civil*, qui est exclu de la société civile, lui de-
« mande le secours de ses solennités..... Retran-
« ché de la socié . civile, tout ce qui emprunte
« quelque chose du droit civil me paraît lui de-
« voir être interdit. »

M. Troplong soutiendrait-il aussi que, si le mort
civilement vend un immeuble, il ne pourra faire
transcrire pour conserver son privilége de vendeur? Qu'il ne pourra pas faire un acte de bail
notarié pour s'assurer les garanties nécessaires
vis-à-vis de son fermier? Tous les actes qui sont
permis par la loi au mort civilement, il pourra
les faire avec toutes les formalités que la loi im-
pose, et à cet égard sa capacité sera égale à celle
de tout autre citoyen. Il peut s'engager lui-même
et aussi se porter caution (1).

81. La loi conserve au mort civilement la faculté
d'être propriétaire, elle doit donc lui reconnaître
les différentes sortes de propriétés qu'il peut avoir
acquises, et lui donner les mêmes moyens qu'à
tout autre de les conserver. Ainsi il aura les
droits d'un auteur sur les ouvrages qu'il aura

____

(1) Ainsi jugé par la cour de cassation, par arrêt du 28 juin
1808.

composés, et pourra obtenir des brevets d'invention (1).

Aux termes de l'art. 1268 du Code, le débiteur
malheureux et de bonne foi peut, en faisant la
cession de ses biens à ses créanciers, éviter la
contrainte par corps ; de même, l'art. 1699 permet
à celui contre lequel on a cédé un droit litigieux
de s'en faire tenir quitte par le cessionnaire en
indemnisant complétement celui-ci. Ces deux bénéfices, de cession de biens et de retrait de droits
litigieux, sont de droit purement civil, et ne peuvent être exercés par le mort civilement.

Un individu mort civilement peut être choisi
pour arbitre, aucune loi ne le défend aux parties ;
mais pourra-t-il lui-même compromettre sur ses
droits? Carré, qui refuse ce droit au condamné
par contumace, l'accorde au mort civilement ; suivant lui, puisque le mort civilement peut faire
des acquisitions après avoir encouru la mort civile, et disposer des droits qui en résultent, il
peut compromettre sur ses droits, sauf à se faire
représenter par un curateur afin d'obtenir l'ordonnance d'*exequatur*. Au surplus, et pour éviter
toute difficulté, le plus sûr serait que le compromis fût souscrit et le jugement rendu sous le nom
d'un curateur qui poursuivra l'ordonnance.

Nous ne pouvons admettre ni la première ni la
seconde partie de cette opinion. Le mort civilement ne pouvant procéder en justice que sous le

---

(1) Renouard, Traité des brevets d'invention.

nom et par le ministère d'un curateur spécial, le n° 6 de l'art. 83 du Code de procédure ordonne que le ministère public sera entendu, et, dans tous les cas où il en est ainsi, d'après l'art. 1004 du même Code, le compromis est interdit. En nommant un curateur pour souscrire le compromis on n'échapperait pas à cette prohibition.

II. *Donations.* — *Le mort civilement ne peut disposer de ses biens, en tout ou en partie, soit par donation entre-vifs, soit par testament, ni recevoir à ce titre, si ce n'est pour cause d'aliments* (art. 25, § 3).

82. Toute donation entre-vifs se compose de deux actes, la donation ou plutôt l'offre de donation, et l'acceptation. Tant qu'il n'y a pas eu acceptation, il n'y a pas contrat et le donateur peut retirer son offre ; il n'en est plus de même quand l'acceptation a été faite. Si donc une donation est faite à un mort civilement, le donateur pourra la révoquer, le donataire ne pouvant l'accepter valablement ; mais si celui-ci vient à recouvrer la vie civile et accepte la donation avant que le donateur l'ait révoquée, le contrat aura reçu toute sa perfection, entre les parties du moins, et le donateur sera dessaisi irrévocablement.

Quant aux dispositions testamentaires, la capacité du testateur s'apprécie au moment de la confection du testament, et au moment du décès, sans se préoccuper du temps intermédiaire, *media tempora non nocent.* Le légataire doit être capable, au moment où le droit s'ouvre pour lui, c'est-à-dire à la mort du testateur si le legs est pur et simple, et s'il est conditionnel à l'événement de la condition.

83. Le mort civilement peut disposer et recevoir à titre d'aliments. M. Demolombe (1) est d'avis contraire et dit que le texte de la loi ne lui conserve que le droit de recevoir à ce titre. Il nous semble que l'article ne distingue pas ; que ces derniers mots : *si ce n'est pour cause d'aliments*, s'appliquent à tout l'alinéa et non pas seulement au mot *recevoir*. De plus, l'article 207 du Code nous dit positivement que les obligations en matière d'aliments sont réciproques (2).

Le mort civilement pourra recevoir des aliments : et on ne saurait admettre, à cet égard, la distinction proposée par Toullier, entre les condamnés à mort et les condamnés aux travaux forcés à perpétuité ou à la déportation. « Le pre-
« mier, dit-il, est véritablement mort civilement
« dans l'acception la plus étendue que l'on puisse
« donner à ce mot. Le citoyen et l'homme sont
« morts aux yeux de la loi et du magistrat, qui,
« loin de lui devoir aucune protection, ne peut

---

(1) Tome 1, n° 201.

(2) M. Valette, dans son cours de cette année, partage l'opinion de M. Demolombe, s'appuyant sur ce te raison que le mort civilement pourrait dénaturer toute sa fortune, et éluder ainsi la disposition de l'art. 33, s'il pouvait faire des donations alimentaires. Une pareille induction ne nous paraît pas suffisante pour défendre ce que le texte de la loi permet positivement.

« s'occuper de son existence que pour l'en faire
« priver (1). » Mais si le condamné à mort prescrit sa peine, il peut alors résider en France sans
être inquiété, et certainement il pourra, dans ce
cas, recevoir des aliments.

La distinction de Proudhon est préférable. Si
l'accusé, absent ou non, n'a pas subi sa peine, il
ne peut recevoir d'aliments, sauf le cas où il est
en état de déportation ; en effet, s'il est absent, la
justice ne pourrait accueillir une action tendant
à faire vivre celui qu'elle a condamné à mort, ou
à l'aider à braver la condamnation prononcée
contre lui. S'il est au bagne, il n'a nul besoin
d'aliments, et on ne peut supposer que la loi eût
voulu le mettre dans une situation préférable à
celle du condamné aux travaux forcés à temps,
qui, aux termes de l'art. 31 du Code pénal, ne
peut recevoir aucune somme de l'administrateur
de ses biens. Le déporté, au contraire, étant
libre au lieu de déportation, pourra recevoir des
aliments. Mais si le condamné a prescrit sa peine,
ou s'il lui en a été fait remise, il est libre, il
pourra être l'objet de libéralités alimentaires.

Le mort civilement pourra, sous ces distinctions, recevoir des aliments ; il pourra même en
exiger en justice. M. Duvergier pense que ce
droit n'existe pas. L'obligation d'aliments, selon
lui, en admettant qu'elle ait sa source dans le
droit naturel, n'a d'existence légale que parce

---

(1) Tome 1, n° 292, note 3.

que la loi positive l'a sanctionnée. L'obligation de fournir des aliments n'a lieu qu'entre certaines personnes, unies par un lien fort étroit de parenté ou d'alliance ; elle doit cesser dès que ce lien est brisé, l'art. 206 le dit formellement pour l'affinité. La mort civile a pour effets de rompre les liens de parenté ou d'alliance ; dès lors, par cela même, cesse l'obligation de se fournir des aliments (1).

A part l'inconséquence qu'il y aurait à priver le condamné des moyens de soutenir sa vie naturelle, la comparaison des textes sur la mort civile semble prouver que la loi a laissé au condamné ce droit d'exiger des aliments. C'est un devoir naturel pour les parents de nourrir leurs parents ; ce devoir naturel, la loi civile l'a sanctionné, mais elle ne peut empêcher qu'on en exige l'accomplissement. Il n'y a aucune analogie entre l'alliance et la parenté ; l'alliance est un lien purement civil que la loi peut rompre puisqu'elle l'a créé ; mais elle n'a aucun pouvoir sur la parenté, qui est un lien naturel. Le droit naturel d'exiger des aliments existe pour le condamné ; et, comme l'art. 25 lui donne le moyen d'exercer ce droit en justice, nous n'hésitons pas à repousser la théorie de M. Duvergier. En outre, ne serait-il pas scandaleux que des proches parents, des enfants peut-être, qui ont recueilli la succession du condamné au moment où la mort civile a été encourue, puissent lui re-

---

fuser légalement de quoi subvenir à ses plus pressants besoins (1). Le mort civilement sera aussi tenu de fournir des aliments à ses parents.

Le droit de recevoir des aliments existera pour le condamné, que la disposition soit faite entre-vifs ou par testament. Mais lui ne pourra faire de libéralité de cette nature que par acte entre-vifs. Il ne peut tester en effet, et son testament sera toujours annulé, quelles que soient les dispositions qui s'y trouvent. M. Duranton cependant pense que le mort civilement pourra donner des aliments même par testament à ses descendants et ascendants.

81. Quant aux donations manuelles, on dit que, ne s'appliquant qu'à des effets mobiliers dont la propriété se transmet par la simple tradition, elles sont demeurées dans les termes du pur droit naturel ; c'est ce qu'a jugé la cour de Montpellier dans un arrêt du 19 novembre 1810 : « Attendu, « y est-il dit, que le condamné est capable de « tous les actes du droit des gens, qu'il peut « vendre et acquérir, qu'il peut aussi transmettre « manuellement tous objets mobiliers dont la « propriété s'acquiert par la tradition volon- « taire. » Dans l'espèce de cet arrêt, des effets de commerce à l'ordre d'un individu en état de mort civile avaient été par lui donnés, avant sa mort, à

____

(1) Ainsi jugé par arrêt de la cour de Paris du 18 août 1808, de la cour de Riom du 18 février 18:9. — *Sic* M. Duranton, t. 1, n° 255 ; M. Valette, cours de cette année.

une parente. Cependant nous ne croyons pas ces donations permises; l'art. 25 ne distingue pas; toute libéralité est interdite, à moins qu'elle n'ait un caractère alimentaire. Si des donations manuelles ont été faites, les parties devront en obtenir l'annulation en établissant les faits par le serment, l'interrogatoire sur faits et articles, et même par la preuve testimoniale (1).

85. III. *Successions.* — Le mort civilement ne peut ni succéder ni transmettre par succession les biens qu'il a acquis depuis la mort civile encourue. Nous croyons seulement qu'il doit être fait une exception en faveur des enfants issus d'un mariage putatif (2).

M. Berriat-Saint-Prix (3) a cru que l'art. 57 de la Charte, qui abolit la confiscation, abolissait en même temps la disposition de l'art. 33 du Code. Mais ce n'est pas à titre de confiscation que les biens acquis par le condamné depuis la mort civile reviennent à l'État; c'est la conséquence logique de la mort civile. Le condamné n'a plus de parents qui puissent lui succéder ab intestat, *deest hæres;* il n'a plus le droit de faire un testament; à sa mort ses biens sont vacants, et, comme tels, appartiennent à l'État.

---

(1) *Sic* Delvincourt, t 1; M. Duvergier, M. Valette, cours de cette année. — *Contra*, Toullier, t. 1, n° 282, note 2; M. Duranton, t. 1, n° 263; M. Demolombe, t. 1, n° 203; Locré, Esprit du Code civil, t. 1, page 388; M. Coin-Delisle (ces deux derniers dans le cas seulement d'objets de peu de valeur).

(2) V. ci-dessus, même partie, n° 73.

(3) Commentaires de la Charte, p. 401.

De ces biens acquis par déshérence, l'Empereur pourra faire telle libéralité qu'il voudra au profit de la veuve, des enfants et parents du condamné. Cette disposition doit s'entendre *lato sensu*; elle pourra s'appliquer au veuf de la femme morte civilement comme à la veuve, aux enfants naturels, à ceux nés depuis la mort civile. Il y a là une question d'humanité dont l'Empereur reste seul juge.

§ 2. — Des droits des tiers.

86. I. *Confiscation.* — La confiscation des biens de l'individu qui encourt la mort civile, générale dans le droit romain et dans notre ancien droit, se restreignit sous la législation intermédiaire et sous l'empire aux condamnations prononcées pour certains crimes, puis finit par disparaître complétement de nos lois à la suite de la restauration.

Voici quelles vicissitudes éprouva la confiscation dans cette courte période. Elle fut abolie complétement par la loi du 21 janvier 1790, puis rétablie par la loi des 30 août 1792-19 mars 1793, 1er brumaire an II, pour les crimes attentatoires à la sûreté générale de l'État, et celui de fausse monnaie. Ces lois furent maintenues, quant à la fausse monnaie, par celle du 14 floréal an III, et quant aux crimes attentatoires à la sûreté générale de l'État, par celle du 21 prairial an III. Elles furent maintenues également par le Code pénal de 1810 pour ces deux crimes, et de plus, pour la contrefaçon des sceaux de l'État, la contrefaçon ou la falsification des effets émis par le Trésor public avec son timbre, ou des billets de banques autorisées par la loi. Puis enfin, toutes ces lois furent abrogées par l'art. 66 de la Charte de 1814, et la confiscation n'a pas reparu depuis dans notre législation.

Sous l'empire du Code pénal de 1810, la confiscation n'était pas, comme dans l'ancien droit, la suite nécessaire de toute condamnation à une peine emportant mort civile ; elle n'avait pas lieu de plein droit, et devait être prononcée par les magistrats, mais seulement dans les cas où la loi l'avait expressément spécifié ; de plus, même quand elle était prononcée, elle n'avait pas toute la rigueur de la confiscation ancienne. On laissait aux enfants ou descendants la moitié de leur réserve ; et on devait des aliments à ceux qui auraient été en droit d'en réclamer du condamné (1).

87. Depuis que la confiscation n'existe plus, la succession du condamné mort civilement est ouverte au profit de ses héritiers, auxquels ses biens sont dévolus de la même manière que s'il était mort naturellement et sans testament.

Le testament fait avant la mort civile encourue ne produira aucun effet, cela est incontestable ; mais quelle raison a pu décider le législa-

---

(1) Code pénal de 1810, art. 38.

teur à prononcer cette nullité? Est-ce l'incapacité, est-ce l'indignité du condamné?

Il faut, dit-on, pour qu'un testament soit valable, que le testateur ait eu capacité de disposer au moment de la confection, et capacité de transmettre au moment de son décès; or, celui que la mort civile vient frapper ne peut avoir cette dernière capacité(1). On peut répondre à cet argument que le condamné a la capacité de transmettre au moment de la mort civile, puisqu'il transmet bien à ses héritiers naturels; que l'individu frappé de mort naturelle, de même que celui qui encourt la mort civile, n'a plus aucune capacité après son décès; que la raison d'incapacité, s'appliquant aussi bien aux deux événements sur lesquels la succession s'ouvre, n'a pu être le motif de la disposition qui nous occupe. « Aussi, dit M. Valette, ce raisonnement arriverait » à dire que le mort civilement est plus mort que « celui qui est mort naturellement. »

Un professeur étranger (2) veut expliquer historiquement cette disposition de la loi, en faisant remarquer que, dans notre ancien droit, la mort civile était, à tort il est vrai, considérée comme répondant à la *media capitis deminutio* des Romains; que, cette dernière emportant incapacité de

---

(1) *Sic* Toullier, t. I, n° 281; Delvincourt, t. I; M. Duranton, t. I, n° 248.

(2) M. Renaud, professeur à Berne, De la mort civile en France.

tester, on attribua, par une fausse doctrine, le
même effet à la première. Mais d'abord autrefois
on n'avait presque jamais à s'occuper du testament du condamné, puisque ses biens étaient
confisqués dans presque toutes les provinces de
France; et de plus les testaments faits par les religieux avant la prononciation de leurs vœux
étaient valables, quoique l'incapacité fût, dans
ce cas, la même que dans celui de mort civile par
suite de condamnation judiciaire (1).

Une autre explication s'est encore produite. Le
testateur n'a pas eu l'intention de procurer ses biens
à ses légataires, à l'époque où il sera frappé de mort
civile; ce serait donc dépasser l   bornes de sa
volonté de donner les biens aux l   res. Certes,
le testateur n'a pas pensé à la mort civile, mais
il est évident qu'il a voulu préférer ses légataires
à ses héritiers. Dans le contrat de mariage non
plus, les futurs époux n'ont pas pensé à la mort
civile, et cependant la loi donne ouverture aux
gains de survie dans ce cas, comme dans celui de
mort naturelle.

Le législateur de 1804 a annulé le testament
du condamné, non pas par suite de son incapacité, mais parce qu'il le considérait comme indigne d'en laisser un. C'est, en effet, une grande
faveur accordée par le droit civil de pouvoir disposer de ses biens pour une époque où on ne les
possédera plus; et cette faveur, la loi a voulu en

---

(1) Pothier, Traité des personnes, titre III.

priver le criminel qui a encouru la mort civile. Elle a donné ses biens à ses héritiers naturels sans attribuer la moindre force au testament.

88. En même temps que la mort civile donne ouverture à la succession du condamné, elle produit le même effet relativement aux droits que les tiers peuvent avoir à réclamer sur cette succession.

Les donations de biens à venir (art. 1082) et de biens présents et à venir (art. 1081), ou institutions contractuelles, faites par le condamné avant la mort civile encourue, auront-elles le sort du testament et seront-elles annulées? On répond affirmativement, en disant que la capacité de transmettre doit exister au moment où cette transmission s'opère; et ici, comme dans le testament, la transmission ne s'opère qu'à la mort du donateur, d'où il suit qu'il doit être capable de transmettre à cette époque (1).

Ces donations autorisées par les art. 1082 et 1084 ont cette différence importante d'avec les institutions contractuelles anciennes, quoique l'habitude leur fasse donner ce nom, qu'elles sont des donations et non des institutions d'héritiers;

____

(1) M. Demante, qui avait soutenu cette opinion (Thémis, t. VIII, pages 476 et 483), est revenu à l'autre : « Quelle que « soit, dit-il, la nature de la donation faite au conjoint avant la « mort civile du donateur, son effet est incontestable, encore « qu'elle puisse toujours être révoquée , puisque la loi réserve « expressément au conjoint tous les droits auxquels la mort natu- « relle donnerait ouverture. » (T. 1. 49 bis 11.)

aussi ces dispositions sont-elles irrévocables du moment que le contrat de donation est parfait. Telle est la décision donnée par la jurisprudence, qui applique, pour juger de la validité de la donation, non les lois du décès du donateur, mais les lois de l'époque de la donation (1). La transmission ne s'opère donc pas uniquement par le décès du donateur, puisqu'il y a déjà auparavant un droit acquis au donataire. De plus, ce n'est pas l'incapacité qui fait annuler le testament laissé par le condamné ; et l'on s'explique très bien pourquoi la loi n'a pas voulu que cette indignité encourue par le donateur postérieurement à la donation vînt enlever au donataire la légitime espérance que le contrat de mariage lui avait assurée. Disons aussi que l'art. 25 ne parle que de l'annulation du testament, et que, dans une matière comme celle-ci, il ne faut pas chercher à étendre la rigueur de la loi.

La même décision devra, selon nous, être donnée pour les donations sous condition potestative dont parle l'art. 1086 ; car il y a encore là un droit réel acquis au donataire, une espérance qu'il ne faut pas tromper.

89. Les parents adoptifs (art. 351), les ascendants (art. 747) qui ont fait des donations à leurs enfants adoptifs, à leurs descendants, succèdent aux biens par eux donnés qui se retrouvent en

---

(1) Ainsi jugé par la cour de cassation par arrêt du 1er juin 1820 ; par la cour de Limoges par arrêt du 26 juin 1822.

nature dans la succession du donataire décédé sans postérité. Tout donateur aura le droit de reprendre les biens donnés, s'il se l'est expressément réservé dans l'acte de donation (art. 951).

Dans ces trois cas la mort civile aura le même effet que la mort naturelle. Mais comme le droit du donateur, dans ces différents cas, est antérieur à la mort naturelle ou civile du donataire, et date du temps de la donation, ce droit sera réglé, non par la loi existante à l'époque du décès du donataire, mais par celle qui était en vigueur au moment où le contrat de donation a été parfait (1). C'est par ce principe que l'on peut expliquer la décision de deux arrêts qui ont déclaré ouvert au profit du père ce droit de succession anormale, quoique le fils, ayant encouru la mort civile, eût laissé des enfants. Il s'agissait d'une donation faite sous l'ancienne législation; puis la mort civile du fils était arrivée postérieurement. Ces arrêts sont fondés sur l'ancienne jurisprudence du parlement de Toulouse, qui, dans ce cas, donnait ouverture au droit du père, dans l'intérêt même des enfants, à raison de la confiscation des biens, qui avait lieu dans ce parlement d'une manière générale et absolue (2). Mais il n'y a maintenant aucun doute que l'effet de la

---

(1) Arrêt de la cour de Montpellier du 19 pluviôse an XII, confirmé en cassation le 13 messidor an XIII.

(2) Ainsi jugé par arrêt de la cour de cassation du 8 février 1814.

mort civile ne soit le même que celui de la mort naturelle, au moins pour les droits résultant des art. 351 et 747.

Quant au droit de retour conventionnel réglé par l'art. 951, M. Duranton (1) pense que la mort civile n'y donne pas ouverture. S'appuyant sur le droit romain et sur notre ancienne jurisprudence, il dit que, dans les contrats, l'indication de la mort ne doit s'entendre que de la mort naturelle, *malum omen non est providendum*, et que par conséquent les parties ont voulu que la mort naturelle seule donnât ouverture à ce droit de retour. Disons d'abord que, sauf un seul cas, celui de rente viagère, la loi actuelle a toujours donné à la mort civile les mêmes effets qu'à la mort naturelle. De plus, examinant la question au fond, il semble impossible de la résoudre dans le même sens que M. Duranton. Quant au donateur, si le droit de retour devait s'accomplir en sa faveur, même après qu'il a encouru la mort civile, ce ne serait pas pour lui que le retour aurait lieu, mais pour ses héritiers auxquels tous ses biens, droits et actions sont acquis ; et cela n'est pas possible, car le droit de retour ne peut avoir lieu qu'au profit du donateur seul. Au cas de la mort civile du donataire, si le droit de retour n'était pas exercé par le donateur, les biens passeraient aux héritiers du donataire, et cependant, par la stipulation expresse du droit de retour, il est évident que le donateur a voulu se préférer aux héritiers du donataire.

____

(1) Tome VIII, n° 490.

90. La mort civile dissout le mariage et a le même effet que la mort naturelle, eu égard aux conventions matrimoniales. Ainsi la communauté sera dissoute (art. 1441). La femme pourra, comme la veuve, conserver la faculté de renoncer à la communauté (art. 1462). Le conjoint du mort civilement pourra réclamer le préciput conventionnel, et tous les gains de survie qui auraient été stipulés en sa faveur (art. 1517 et 25). Et cependant il n'y a pas de survie dans le sens dans lequel les contractants l'ont probablement entendu; mais il y a ouverture de la succession; et comme les gains de survie ont été stipulés en vue de préférer le conjoint aux héritiers, il était nécessaire, pour atteindre ce but, d'ouvrir immédiatement les droits des conjoints.

Le législateur devait sur tous ces points énoncer sa volonté, pour empêcher de se renouveler les divergences d'opinions, si nombreuses à ce sujet sous l'ancienne législation.

91. La mort civile donne ouverture aux droits des tiers, mais aussi elle arrête les poursuites que l'on pourrait diriger contre le condamné. Tous ses biens étaient le gage de ses créanciers, il en a été dépouillé complétement par la mort civile, il n'existe plus pour ses créanciers ni contre ses débiteurs; et les premiers ne pourront poursuivre le paiement de leurs créances sur les biens acquis depuis la mort civile. Dalloz trouve que c'est pousser trop loin la rigueur du droit, que la mort civile a pour but d'aggraver et non d'améliorer

la position du condamné. Ce raisonnement ne manque pas d'une certaine force, mais, n'étant basé que sur une considération purement générale, il ne peut faire abandonner la conséquence logique du principe de la matière.

92. II. *Substitutions.*—La loi a voulu terminer toutes les discussions que faisait naître dans l'ancien droit la question de savoir si la mort civile du grevé donnait ou non ouverture à la substitution. La disparition de l'art. 1053 est expresse, les droits des appelés seront ouverts au moment où, par quelque cause que ce soit, la jouissance du grevé cessera.

93. III. *Usufruit.* — L'usufruit s'éteint par la mort civile de l'usufruitier et vient alors se réunir à la nue propriété (art. 617). Mais la mort civile d'une personne dont la vie a été prise pour terme de la durée d'un usufruit, n'opère pas l'extinction de cet usufruit; car il est évident ici que les parties n'ont considéré dans ce contrat que la mort naturelle, et que les différents événements qui peuvent se produire ne doivent influer en rien sur la durée de l'usufruit.

La mort civile du père ne met pas nécessairement fin à l'usufruit légal, sur les biens de l'enfant, pas plus que sa mort naturelle; mais cet usufruit passe à la mère en même temps que la puissance paternelle.

La mort civile de l'enfant met toujours fin à l'usufruit légal. En effet, c'est sur les biens de l'enfant et comme compensation de l'exercice de la puissance paternelle, qu'est établie la jouissance des père et mère. Quand l'enfant est mort naturellement ou civilement, il n'y a plus de puissance paternelle, et les biens ne sont plus biens de l'enfant, ils sont passés à ses héritiers. Nous suivons en ceci les principes des coutumes où le droit de garde finissait toujours par la mort de l'enfant (1); tandis que dans le pays du droit écrit, l'usufruit du père durait en cas de mort de l'enfant jusqu'à la mort du père.

Les droits d'usage et d'habitation se perdent de la même manière que l'usufruit (art. 625); il ne faut pas prendre cette disposition trop à la lettre, particulièrement sur la matière qui nous occupe. Ces deux droits sont établis pour les besoins personnels de l'usager, et la mort civile ne brise pas les droits qui ont un caractère alimentaire. Aussi faut-il dire qu'à la différence du droit d'usufruit, les droits d'usage et d'habitation seront conservés nonobstant la mort civile encourue.

Le débiteur d'une rente viagère n'est pas libéré par la mort civile du créancier. Ce contrat est en général l'aliénation d'un capital, le prix consistant dans les annuités stipulées sous le nom d'arrérages. Le remboursement n'est opéré que par l'événement prévu, la mort naturelle, et nullement par la mort civile. La loi a pensé que cette dernière n'était pas entrée dans le calcul des parties, *iniquum est perimi pacto, id de quo cogitatum non do-*

---

(1) Pothier, De la garde noble et bourgeoise, sect. 4, § 1.

celur. Mais pourquoi, par suite du même principe, la loi n'a-t-elle pas donné la même décision relativement à l'usufruit? On a dit que la rente viagère était en général constituée à titre d'aliments, mais il en est de même de l'usufruit. On a dit aussi que cette différence tenait à la nature du droit d'usufruit; la loi est favorable à la propriété; l'usufruit est une servitude, elle a dû en faciliter l'extinction.

La raison de cette différence ne serait-elle pas plutôt historique? L'art. 1982, relatif à la rente viagère, a été emprunté au droit coutumier, qui tenait compte de l'intention des parties, tandis que l'art. 617 est tiré du droit romain, qui, même au temps de Justinien, faisait perdre l'usufruit par la *maxima* et la *media capitis deminutio*.

Si l'usufruit avait été constitué à titre d'aliments, il serait maintenu; pour la rente viagère, le débiteur devra toujours payer les arrérages, comme si la mort civile n'avait pas été encourue, avec une distinction toutefois au sujet de celui qui les recevra. Si la rente était alimentaire, le créancier mort civilement les touchera lui-même, sinon les héritiers, auxquels appartiennent tous les biens du créancier, auront, jusqu'à sa mort naturelle, droit à ces arrérages qui font alors partie de la succession.

94. IV. *Sociétés*. — La société finit par la mort civile de l'un des associés dans les mêmes cas où la mort naturelle aurait ce résultat, car les asso-

ciés peuvent convenir que la société continuera entre les survivants.

Le mandat doit de même finir par la mort civile soit du mandant, soit du mandataire.

CHAPITRE IV.

DE LA FIN DE LA MORT CIVILE.

98. Quand la mort civile a été encourue, les effets qu'elle a produits sont irrévocables. Quelques circonstances postérieures pourront la faire cesser, mais jamais nous ne verrons, comme dans l'ancien droit, le condamné reprendre la jouissance de ses droits civils rétroactivement ; il y aura simplement une sorte de résurrection civile.

Les effets de la grâce accordée au condamné avant l'exécution de l'arrêt ont déjà été examinés ; mais quels seront ces effets, si la grâce n'intervient qu'après un commencement d'exécution ? Quelques auteurs ont cru pouvoir dire que la remise pleine et entière de la peine emportait avec elle réhabilitation et restituait la vie civile au condamné. Ils raisonnent par analogie de l'article 30 du Code Napoléon, qui restitue pour l'avenir le contumax mort civilement dans la plénitude de ses droits civils, s'il vient ultérieurement à être acquitté ou condamné à une peine n'emportant pas mort civile ; dans ce cas les effets de la mort civile ne seront maintenus que pour le passé.

Il ne nous paraît y avoir aucune analogie entre le pouvoir impérial remettant la peine, et le pouvoir judiciaire réformant lui-même sa décision : entre la position du criminel que l'indulgence de l'empereur rend à la liberté et celle de l'homme qui prouve en justice son innocence, l'art. 619 du Code d'instruction criminelle donne au condamné gracié le pouvoir d'être réhabilité ; il faut en conclure que les lettres de grâce ne donnent pas cette réhabilitation elle-même. L'empereur cependant a le droit de faire grâce complète, mais alors les lettres devront faire la mention expresse des droits qui sont rendus à l'impétrant.

96. *La réhabilitation fait cesser pour l'avenir, dans la personne du condamné, toutes les incapacités qui résultaient de la condamnation* (art. 633 Cod. d'inst. crim.). Si donc le condamné qui a encouru la mort civile obtient des lettres de commutation ou de grâce, il pourra recouvrer ses droits civils au moyen de la réhabilitation. Celle-ci ne pourra être prononcée que par des lettres de l'empereur, données à la suite d'une longue enquête et entérinées par une cour de justice. Nul ne pourra demander sa réhabilitation s'il n'est pas domicilié depuis cinq ans dans le même arrondissement communal. Des attestations de bonne conduite délivrées par la municipalité devront être jointes à la demande qui sera insérée dans un journal judiciaire ; trois mois après seulement, la cour, le procureur général entendu, donnera son avis ; s'il est favorable, les pièces

seront transmises au ministre de la justice, et de là à l'Empereur, qui statuera définitivement (1).

L'amnistie peu être envisagée sous deux points de vue, suivant qu'elle s'applique à des condamnés ou à des individus n'ayant encore encouru aucune condamnation ; c'est sous le premier rapport seulement que nous avons à examiner ses effets.

Dans ce cas elle a aussi pour effet de rendre la vie civile à ceux auxquels elle s'applique ; mais la rend-elle rétroactivement, et remet-elle l'accusé dans l'état où il se trouvait avant la condamnation ? Oui, répond-on, l'amnistie entraîne l'oubli du crime et l'annulation de la condamnation ; elle emporte abolition des délits, poursuites et condamnations, tellement que les délits sont, sauf l'action civile des tiers, comme s'ils n'avaient jamais été commis. A la différence de la grâce, elle rétroagit donc au jour de la condamnation, dont elle anéantit les effets ; or il est évident que, si la mort civile était attachée à la peine prononcée contre le condamné, elle disparaît en même temps que la cause même qui l'avait produite, et le condamné est réintégré dans l'état où il se trouvait avant la condamnation, ou plutôt, par une fiction attachée à la nature même de l'amnistie, il est considéré comme n'ayant jamais perdu l'exercice même de ses droits civils.

Nous pensons qu'au contraire la mort civile,

____

(1) Code d'Inst. crim., art. 619 à 631.

une fois encourue, est ineffaçable; que ses effets subsistent pour tout le temps qu'elle a duré, quels qu'aient été d'ailleurs les événements postérieurs. En l'absence de toute décision législative à cet égard, on ne peut admettre une pareille rétroactivité. La mort civile est un état, une manière d'être; lorsqu'un individu a subi cette modification dans sa personne, une fiction seulement peut la faire réputer non avenue, et la loi seule peut établir une fiction. Notre doctrine s'appuie, du reste, par analogie, sur l'art. 30 du Code Napoléon. Si le contumace est acquitté après cinq ans, la vie civile lui est rendue, mais sans rétroactivité; la mort civile a produit ses effets; il doit en être de même, *a fortiori*, lorsque c'est un criminel qui a été amnistié.

Tel nous paraît être le principe d'après lequel on doit décider les différentes questions qui peuvent se présenter; et, cependant, si les auteurs s'accordent, en général, sur les conséquences à en tirer, les tribunaux suivent, au contraire, dans leurs décisions, tantôt le principe de la rétroactivité, tantôt celui de la non-rétroactivité, selon les questions qui leur sont proposées. Les espèces que les tribunaux ont eu à examiner sont presque toutes relatives à des contumax amnistiés, mais qui déjà avaient encouru la mort civile.

Quant à la succession du condamné, l'amnistie ne rétroagit pas au jour de la condamnation; la succession a été ouverte par la mort civile; le condamné, malgré l'amnistie, ne reprend pas les

biens qu'il avait au moment de la mort civile encourue, et cela : « Attendu, dit un arrêt de la
« cour de cassation, que la dévolution des biens,
« une fois faite, ne peut être rétractée, ni par le
« souverain, ni par la loi ; et que l'amnistie, à
« quelques conséquences que l'on soit disposé à
« l'étendre, ne peut porter atteinte aux droits
« privés irrévocablement acquis (1). »

Voilà l'application du principe que nous avons
posé ; nous allons voir maintenant un autre cas
où la jurisprudence est presque unanime en sens
contraire : c'est pour le mariage du mort civilement.

La mort civile, du moment qu'elle a été encourue, a dissous complétement le mariage du condamné ; ses effets se sont portés sur cette partie
des droits civils, en même temps que sur tous les
autres droits. Donc le conjoint du mort civilement pourra valablement se remarier ; donc, si,
la mort civile venant à cesser, les anciens époux
veulent rendre à leur union les effets civils, une
nouvelle célébration sera nécessaire (2).

Cependant la jurisprudence générale décide que
l'amnistie accordée au condamné revalide de

---

(1) Ainsi jugé par le tribunal de Nantes, le 17 août 1810; par
arrêt de la cour de Rennes, le 30 janvier 1811 ; par arrêt de la
cour de cassation, le 1er février 1812.

(2) Ainsi jugé par arrêt de la cour de Douai, le 3 août 1819;
de la cour de Toulouse, le 28 mai 1837. — *Sic*, Merlin, Locré,
Delvincourt, Coin-Delisle, Guichard, Duranton, Vazeille, Zachariæ, Richelot, etc.

plein droit le mariage qui avait été dissous par la mort civile, et défend que l'on procède à une nouvelle célébration : « Attendu que l'amnistié « est censé n'avoir jamais été privé de la vie ci- « vile ; qu'aucun droit de nature à porter atteinte « à son mariage n'a été attribué à qui que ce « soit, par suite de sa condamnation ; que, bien « loin de là, les époux ont considéré leur union « comme n'ayant jamais reçu d'atteinte, et ont « continué la vie conjugale même avant l'amnis- « tie ; qu'il y a entre eux possession d'état pu- « blique et non équivoque ; que la nouvelle célé- « bration que les époux demandent à formaliser « serait un acte en quelque sorte dérisoire, et « contraire, sous tous les rapports, à la sainteté « du mariage (1). »

L'art. 30 nous présentera encore certaines circonstances, qui, dans le cas de contumace, font cesser la mort civile.

---

(1) Arrêt de la cour d'Angers du 21 août 1810, confirmé en cassation le 31 juillet 1850. — *Sic*, arrêts de la cour de cassation du 11 juin 1811 et du 8 décembre 1831. (Il faut remarquer que l'arrêt de la cour d'Angers de 1810 s'appuie aussi sur l'art. 227 du Code Napoléon.)

QUATRIÈME PARTIE.

DES CONDAMNATIONS PAR CONTUMACE.

SOMMAIRES.

97. Les condamnations à des peines capitales par contumace étaient interdites en droit romain, sauf une exception. — Annotation des biens des accusés absents.
98. La Novelle 69 ne dérogea pas à cette règle du droit.
99. Il en était de même dans les premiers temps de la monarchie franque.
100. Origine des condamnations par contumace. — Premier exemple sous Charles V. — Différentes lois qui se sont occupées des cas de contumace.
101. Publicité donnée à la procédure.
102. Nécessité de l'exécution pour que la mort civile soit encourue.—Comment l'exécution peut se prouver.
103. Dans l'ancien droit, la mort civile était encourue de suite après l'exécution par effigie. — La représentation du condamné lui rendait la vie civile rétroactivement. — Les biens étaient confisqués, d'abord après une année de contumace, ensuite après cinq années.
104. Effets de la représentation en justice du condamné ou de sa mort, selon l'époque à laquelle arrivent ces événements.
105. Sous la législation intermédiaire, mêmes principes sur la mort civile que dans la législation ancienne.
106. Droit actuel.—Première période de la contumace.
107. Interdiction légale du condamné. — Bornée au cas où la mort civile vient à être encourue par l'expiration du délai de grâce.

108. Si le condamné se présente auparavant, les actes faits pendant l'interdiction ne sont pas nuls.

109. Les biens du condamné, placés autrefois sous le séquestre, seront administrés par l'État comme biens d'absents.

110. Si le contumax qui s'est représenté vient à s'évader de nouveau, le délai de grâce ne continuera pas à courir depuis l'exécution du premier arrêt.

111. Fin de la première période. — Commencement de la seconde. — Ses effets.

112. La représentation du condamné pendant cette seconde période fait encore tomber absolument le jugement de condamnation.—La mort civile conserve seulement ses effets pour le passé.

113. La succession du contumax sera ouverte à l'expiration du délai de grâce de cinq années.

114. Le mariage, au contraire, ne sera dissous que par l'expiration du délai de vingt ans depuis la condamnation.

115. Le contumax ne peut recevoir d'aliments.

116. La résurrection civile rendra au condamné la puissance paternelle et l'usufruit légal.

117. Fin de la seconde période.—Commencement de la troisième. — Ses effets.

Le jugement par contumace est celui que l'on prononce contre un accusé absent.

97. Les jugements par contumace étaient prohibés par les lois romaines. On regardait comme contraire à l'équité naturelle de condamner un citoyen sans l'avoir entendu, et sans qu'il eût pu répondre à l'accusation qu'on lui intentait. « Divi Severi et Antonini Magni rescriptum « est, ne quis absens puniatur; et hoc jure uti- « mur, ne absentes damnentur. Neque enim, in- « audita causa, quemquam damnari æquitatis

« ratio patitur. — § 1. Si autem gravius quis pu-
« niatur : puta in opus metalli, vel similem
« pœnam, sive capitalem : hoc casu non est irro-
« ganda in absentem pœna, sed absens requi-
« rendus adnotatus est, ut copiam sui præs-
« tet (1). »

On ne pouvait condamner l'accusé absent, mais on annotait ses biens et on saisissait ses revenus. Le mobilier, qui était en danger de se dégrader, était vendu, et le prix en était mis en dépôt. On faisait ensuite publier l'annotation, pour que celui à qui les biens appartenaient pût en avoir connaissance, et fût averti, par là, de se présenter devant le juge, pour se justifier de l'accusation portée contre lui.

Si, dans l'intervalle d'une année à dater du jour où l'annotation avait été publiée, l'accusé ne paraissait pas, ses biens étaient confisqués ; et cette confiscation était sans retour, lors même que l'accusé serait revenu après l'année expirée et se serait pleinement justifié. S'il se présentait dans l'année et prouvait son innocence, on lui restituait ses biens. Si même, dans l'intervalle de sa présentation à son jugement, il venait à mourir, ses biens passaient à ses héritiers (2).

Quant à l'état de l'accusé, l'annotation, outre qu'elle confisquait les biens, diminuait l'*existima-*

---

(1) Dig., liv. 48, tit. 17, loi 1.

(2) Dig., liv. 48, tit. 17, loi 4, et loi 3, § 1 ; Code, liv. 9, tit. 40, lois 1 et 2.

tio. Criminalis vero epigrammatis tenor, hanc tantam ferat de jure censuram, ut inter nos adnotati, non tantum debeat patrimonium transferre, sed et famæ existimationem lædere (1).

L'existimatio est définie par Callistrate (2) : *dignitatis illæsæ status, legibus ac moribus comprobatus.* C'est l'honneur du citoyen, qui se fonde à la fois sur la loi et sur les mœurs, et qui doit être intact pour la plénitude des droits civils, tant dans l'ordre public que dans l'ordre privé.

Mais cette abnotation ne privait pas l'accusé des droits de cité ; en effet, il pourra transmettre, par succession, ses biens, si le fisc ne s'en est pas emparé ; et les citoyens seuls pouvaient avoir des héritiers. Bien plus, si le fisc a laissé passer un délai de vingt années sans s'emparer des biens, l'accusé pourra lui-même empêcher le fisc de les prendre alors en lui opposant la prescription. Le délai de vingt ans courait du jour où l'annotation avait été publiée (3).

Une seule exception existait à cette défense de condamner un absent à une peine capitale : c'est contre le criminel qui, contrairement aux constitutions impériales, aurait fait des eunuques. Ceux qui se sont rendus coupables de ce crime seront punis de la peine portée par la loi Cornelia, *de sicariis,* et cela quand même ils ne comparaîtraient pas (4).

---

(1) Code, liv. 9, tit. 40, loi 3.
(2) Dig , liv. 5 , tit. 13, loi 8, § 1.
(3) Dig., liv. 48, tit. 17, loi 2, § 1, lois 3, 4, § 1.
(4) Dig., liv. 48, tit. 8, loi 4, § 2.

Telle était la législation au temps de Justinien ; il faut examiner maintenant si cet empereur n'y a pas dérogé par des constitutions postérieures.

La Novelle 69, à ne consulter que son chapitre 3, paraîtrait résoudre affirmativement cette question : « *Si vero neque ipse apparuit*, y est-il dit, *qui dominum litis præsentare jussus est, aut qui pro eo legitime cogatur : tunc vocetur quidem legitima voce, non autem obediens, condemnetur et absens.* Mais l'esprit général de cette Novelle, les motifs qui l'ont fait porter, expliquent comment, sans abroger les anciennes lois, elle permet de condamner un absent.

Les actions pécuniaires pour la réparation d'un délit se poursuivaient autrefois, soit dans le lieu où le délit avait été commis, soit dans celui où l'accusé avait été arrêté ; alors les citoyens riches, en se retirant dans une province éloignée de celle où ils avaient commis un délit, parvenaient à empêcher la partie lésée, si elle était pauvre, d'intenter contre eux une action en réparation ; et cela, soit à cause de l'éloignement, qui l'aurait forcée de faire des dépenses souvent plus considérables que la valeur du dommage causé, *aut plures expensas pati, quam rei æstimatio est ;* soit à cause de la difficulté de prouver une accusation loin du lieu où le crime a été commis.

Cette législation faisait naître des plaintes très fréquentes, et c'est pour remédier à ces inconvénients que l'Empereur promulgua cette Novelle. Le titre seul le prouve : *Ut omnes obediant judici-*

*bus provinciarum et in criminalibus et in pecunia-
riis, et ibi negotia examinentur, nullo excepto per
privilegium : nec huc conventi deducantur, nisi
sacra pragmatica forma exhiberi quempiam jusserit.*
Il ne traite pas la question au point de vue de
ceux qui refusent absolument de se faire juger,
mais de ceux qui se retirent à Constantinople, ou
dans une autre province, pour y être jugés plutôt
que par le juge du lieu où le crime a été commis.

Ce n'est pas, du reste, une règle nouvelle que
Justinien introduisit en permettant de condamner ces absents à des réparations civiles ; il n'était
défendu par le Digeste que de prononcer dans ces
circonstances des peines capitales.

99. Autrefois, en France, les condamnations
par contumace à des peines capitales n'étaient pas
admises. *In causa capitali absens nemo damnetur
neque absens per alium accusatorem accusari potest* (1).

100. On remarqua dans la suite que, quoiqu'il
ne fût pas juste de condamner à des peines capitales
un homme que son absence mettait hors d'état
de se justifier, il était cependant de l'intérêt public que les crimes ne restassent pas impunis, et
que, lorsqu'un crime était commis, il fallait en
faire un exemple pour intimider ceux qui auraient
pu se rendre coupables du même délit dans la
suite. C'est pourqui, quand un délit était certain,
on procédait contre celui qui était accusé de l'a-

____

(1) Capitulaires de Charlemagne, liv. 7, ch. 16.

voir commis, et, suivant les preuves qui résultaient de l'information, on le condamnait en son
absence, comme s'il avait été présent, à la peine
que méritait le crime, et même à la mort naturelle.

Le premier exemple que l'on ait de condamnation à mort par contumace date de la fin du
XIVe siècle. C'est la condamnation de Jean de
Montfort, duc de Bourgogne, dont le corps et
les biens furent confisqués par contumace en 1379
par le roi Charles V, séant en son parlement.

Diverses ordonnances vinrent régler les modes
de procéder contre des accusés absents. Les principales sont celles d'août 1536, rendue par François Ier; de 1559, par François II; de 1566, par
Charles IX; celle-là connue sous le nom d'ordonnance de Moulins; et enfin, vint l'ordonnance de
1670, qui traita complétement les différentes
questions de procédure criminelle.

Tous les codes d'instruction criminelle ont
réglé la procédure en cas de contumace: celui
que vota, le 16 septembre 1791, l'Assemblée constituante, et l'instruction, en forme de loi, pour
l'application de ce Code, décrétée le 29 du même
mois; plus tard, le Code du 3 brumaire an IV,
sur lequel a été calquée en grande partie la rédaction actuelle du Code d'instruction criminelle.
Celui-ci, voté et promulgué, titre par titre, dans
l'année 1808, ne devint exécutoire qu'à partir du
1er janvier 1811.

101. Toutes les lois relatives à la procédure par

contumace se sont attachées principalement à la nécessité de donner une grande publicité aux poursuites pour les faire parvenir à la connaissance de l'accusé, supposant que l'ignorance où il se trouve de l'accusation intentée contre lui est la seule cause de son absence. Ainsi les anciennes ordonnances avaient introduit l'usage de citations publiques et réitérées, que l'ordonnance de 1670 a réduites à une. Ainsi, l'art. 244 du Code d'instruction criminelle ordonne la notification à l'accusé, ou à son domicile, de l'arrêt qui le renvoie devant la cour d'assises, et l'art. 466 veut que l'ordonnance rendue par le président de la cour d'assises, qui lui enjoint de se présenter dans un délai de dix jours, soit publiée à son de trompe ou de caisse le dimanche suivant, et de plus affichée à la porte du domicile de l'accusé, à celle du maire et à celle du prétoire de la cour d'assises.

102. Nous avons vu quelle importance la loi attachait à l'exécution de la condamnation pour faire encourir la mort civile. Il en sera de même dans le cas de condamnation par contumace. Les ordonnances que nous avons citées sont toutes explicites sur ce point. Celle de 1536 dit qu'il faut *bannir l'effet de la sentence. Bannir,* publier, proclamer par bans. Celles de 1539, de 1566, parlant de l'exécution par effigie, ajoutent ces mots : *à ce qu'aucun n'en prenne cause d'ignorance.* Il faut que ces sortes de jugements soient connus de tout le monde, et que personne n'ait de prétexte pour excuser son ignorance.

Quant à l'exécution, elle se fera par l'inscription des noms des condamnés *en tableaux qui seront affichés aux portes des villes, et des siéges et auditoires des lieux dont les décrets seront émanés* (1). *Les seules condamnations de mort naturelle seront exécutées per effigies, et celles des galères,.... écrites seulement dans un tableau, sans aucune effigie, et seront les effigies, comme aussi les tableaux, attachés dans la place publique* (2). L'art. 472 du Code d'instruction criminelle, et maintenant la loi du 2-9 juin 1850, fait consister cette exécution dans l'apposition d'affiches en certains endroits déterminés.

Pour que la mort civile ait été encourue, il faut que l'arrêt ait été exécuté; mais des contestations pourront naître sur cette question, de savoir si l'exécution a eu lieu. Comme ce sera surtout dans le cas de contumace que l'incertitude pourra exister, nous avons réservé cette discussion pour cette quatrième partie, quoiqu'elle puisse trouver aussi son application dans les cas de condamnation contradictoire.

Aux termes de l'ordonnance de 1670 (3) il faut, pour que l'exécution demeure constante et qu'on puisse la prouver aux yeux de la justice, qu'il y ait un procès-verbal dressé et signé par le greffier; et, afin qu'il ne reste aucune incertitude à cet égard, et que d'un coup d'œil on puisse dé-

---

(1) Déclaration de 559, de François II, art. 7.
(2) Ordonnance de 1670, tit. 17, art. 16.
(3) Tit. 17, art. 17.

cider du sort du condamné, ce procès-verbal doit être inscrit au pied du jugement même.

Il se présenta sur ce point, au parlement de Paris, la question de savoir si une note, rappelant simplement l'exécution, mise au bas du jugement, mais cette note n'étant ni datée ni signée du greffier, suffit pour prouver l'exécution. Les parties ayant transigé, aucune décision judiciaire n'intervint. Voici la solution que nous donne Richer : Si cette simple note n'est pas la formule en général employée au greffe de la cour qui a condamné, elle ne pourra nullement prouver l'exécution de la sentence. Si, au contraire, c'est un usage constant, le bon ordre exige que les condamnés soient conservés dans l'état dont ils ont toujours joui depuis la condamnation ; s'ils ont été en possession de la vie civile, il faut la leur conserver ; s'ils ont été en état de mort civile, on doit les condamner à y rester. Mais on peut, ajoute Richer, dire en général que, puisque l'exécution de ces sortes de jugements est nécessaire pour qu'ils puissent produire quelque effet, cette exécution doit être constante et doit en même temps être constatée suivant la forme légale prescrite par l'ordonnance de 1670.

Un arrêt du parlement de Toulouse, du 23 août 1731, déclara inadmissible la preuve par témoins de l'exécution d'une condamnation par contumace ; et en conséquence le crime et les actions pécuniaires furent déclarés prescrits par le laps de vingt années.

L'exécution, sous notre droit actuel, sera aussi prouvée par un procès-verbal dressé par le greffier, et qu'il devra transcrire dans les vingt-quatre heures au pied de la minute de l'arrêt ; il devra signer cette transcription. Il a été jugé (1) qu'à défaut du procès-verbal d'exécution on peut prouver l'exécution même par des actes énonciatifs et par la reconnaissance du condamné. Nous croyons aussi que le simple fait de l'exécution doit pouvoir se prouver par tous les moyens (2) ; les juges, seulement, devront être rigoureux sur le choix des preuves, et, dans le doute, admettre la solution la plus favorable, celle qui, ne reconnaissant pas comme constante l'exécution, conserverait la vie civile au condamné.

Supposons que l'exécution du jugement par contumace ait eu lieu, que la preuve en ait été faite par des moyens légaux ; à quel moment, dans ce cas, la mort civile aura-t-elle été encourue ?

Cette question n'a pas été traitée dans les premières ordonnances qui se sont occupées des condamnations par contumace.

103. L'art. 29 de l'ordonnance de 1536, après avoir décidé quel serait le mode d'exécution par effigie, ajoute : *et si après il est pris, les sentences contre lui données, tant corporelles que pécuniaires, seront exécutées en tout promptement, et sans délai,*

---

(1) Arrêt de la cour de cassation du 26 thermidor an XII.

(2) *Contra*, arrêt de la cour de Riom du 28 novembre 1838.

sans autre nouvelle procédure ; c'est en conséquence de cet article que l'on insérait autrefois,
dans les jugements de condamnation par contumace, que la peine sera exécutée, *si pris et appré-
hendé peut être.* Mais cette disposition de l'ordonnance de 1536 a été abrogée par celle de 1670,
tit. 17, art. 15.

Le condamné qui voulait se justifier était
obligé, avant de se représenter, d'obtenir des
lettres de chancellerie pour *ester à droit.* Mais,
après même qu'il avait obtenu ces lettres, ses
biens ne lui étaient pas rendus; ils restaient
entre les mains des confiscataires (1).

La mort civile était encourue du moment de
l'exécution : aucun texte ne le décide expressément, mais c'est l'application de la règle générale, que l'exécution de toute peine capitale est
le point de départ de la mort civile, à moins que
la loi n'en ait disposé autrement. Cette condamnation par contumace devait produire tous les effets
d'une condamnation ordinaire, et elle n'était pas
considérée comme purement comminatoire, car
on l'exécutait immédiatement et sans autre forme
de procès sur la personne du condamné, si on
venait à le prendre. La mort civile ainsi encourue
par l'exécution par effigie n'était pas irrévocable ; le condamné pouvait, en tout temps, obtenir
des lettres de chancellerie afin de se présenter

---

(1) Ordonn. de 1493, art. 57 ; ordonn. de 1535, art. 39 ; ordonn.
de 1539, art. 163.

en justice, et dans ce cas la première condamnation était anéantie. Le condamné reprenait la vie civile rétroactivement ; toutefois, en punition de sa contumace, si celle-ci avait duré plus d'une année, il perdait ses biens, même le fonds, suivant les premières ordonnances, et dans la suite les fruits seulement des biens saisis et annotés, et confisqués ensuite en conséquence de la condamnation.

L'ordonnance de Moulins, de 1566, changea cette jurisprudence ; d'après son art. 28, l'effet de la condamnation par contumace est de dépouiller le condamné de ses biens du jour de la condamnation, et de lui enlever la vie civile de ce même jour. En tout temps la mort civile pourra être révoquée par la représentation en justice du condamné comme auparavant ; mais, à la différence des anciennes ordonnances, celle de Moulins disposait que le droit des confiscataires, au lieu d'être suspendu pendant une année seulement, le sera pendant cinq ans ; et ce ne sera qu'après ce délai qu'ils pourront se dire absolument propriétaires.

L'ordonnance de 1670, beaucoup plus précise que la précédente, n'y apporta que de légers changements. Si le condamné est arrêté prisonnier ou se représente, après le jugement et même après le délai de cinq années, dans les prisons du juge qui l'aura condamné, les défauts et contumaces seront mis au néant, sans qu'il soit besoin de jugement ou d'interjeter appel de la sentence de contumace. S'il se représente ou est arrêté

dans l'année de l'exécution du jugement, main-
levée lui sera donnée de ses meubles et immeubles,
et le prix provenant de la vente de ses meubles lui
sera rendu, les frais déduits, en consignant l'a-
mende à laquelle il aura été condamné.

Mais si le condamné ne se présente ou n'est fait
prisonnier qu'après le délai de cinq années de
l'exécution de la sentence de contumace, les condamnations pécuniaires, amendes et confiscations *seront réputées contradictoires, et vaudront
comme ordonnées par arrêt.* Mais le roi se réserve
la faculté de le recevoir à ester à droit, et lui accorder des lettres pour purger sa contumace; et
si le jugement qui interviendra porte absolution,
ou n'emporte pas confiscation, les meubles et immeubles à lui confisqués lui seront rendus dans
l'état où ils se trouvent; sans pouvoir prétendre
aucune restitution des amendes et intérêts civils (1).

« On peut comparer, dit Richer, le contumax
« à un héritier du sang, qui, tant qu'il ne s'expli-
« que pas sur la qualité qu'il veut prendre, est
« tenu de toutes les dettes de la succession, mais
« qui s'en libère sitôt qu'il renonce ; de même le
« condamné, tant qu'il reste dans le silence et
« qu'il ne fait pas connaître qu'il est dans l'inten-
« tion de se justifier, demeure toujours dans les
« liens de la condamnation prononcée contre lui;
« mais sitôt qu'il s'explique, il reprend sa liberté,

---

(1) Ordonn. de 1670, tit. 17, art. 18, 26 et 28.

« rentre dans tous ses droits, et se débarrasse des
« entraves dans lesquelles il était resté par son
« silence. »

104. Une exception se présente à cette règle
que la mort civile est encourue du moment de
l'exécution par effigie : c'est dans le cas de la mort
du condamné sans s'être représenté, et cela dans
le délai de cinq années.

La jurisprudence du parlement de Paris, adoptée du reste par tous les auteurs, décide que, dans
ce cas, le condamné est mort *integri status*. Cette
exception a son origine dans l'ordonnance de 1670.
Elle porte (tit. 17, art. 29) que le condamné par
contumace, décédé après le délai de cinq ans sans
s'être représenté, sera mort civilement depuis
l'exécution de la sentence par contumace. Il faut
donc supposer, *a contrario*, que, s'il décède avant
l'expiration du délai de cinq ans, il sera considéré
comme n'ayant pas encouru la mort civile ; et cela
est juste, car il est possible que ce contumax
ait eu l'intention de se représenter, et que la mort
survenue mette un obstacle à l'accomplissement
de son désir.

A plus forte raison faut-il donner la même
décision pour le cas où le condamné se serait
représenté dans le délai de cinq ans et serait mort
ensuite ; car alors la présomption d'innocence
existe bien davantage.

Si le contumax ne s'est présenté qu'après le
délai de cinq ans, et est mort ensuite, Pothier (1)

----

(1) Traité des personnes, tit. 8, sect. 2.

pense que le condamné ne sera considéré comme mort *integri status*, qu'autant qu'il aura déjà obtenu des lettres pour purger sa contumace. Nous ne pensons pas que l'on dût faire cette distinction. Le condamné peut se représenter en justice et devenir simple accusé; la confiscation des biens n'aura été que la peine de sa contumace; ils ne lui sont pas rendus, mais il reprend la vie civile. Si donc il décède avant le second jugement, il sera lui aussi considéré comme mort *integri status*.

Il peut se faire enfin que le condamné qui s'est représenté en justice vienne à être condamné par le nouveau jugement à une peine emportant encore mort civile. Dans ce cas la condamnation prononcée contradictoirement, après un jugement par contumace, a un effet rétroactif du jour de l'exécution du premier jugement; en sorte que la mort civile, pendant l'instruction de cette nouvelle procédure contradictoire, demeure suspendue jusqu'au second jugement, mais a produit tous ses effets si celui-ci emporte encore mort civile.

Pothier pense, au contraire, que la représentation du condamné en justice a fait tomber absolument le premier arrêt, que le contumax n'est plus qu'un accusé, que, par conséquent, s'il vient à encourir de nouveau la mort civile par suite de la condamnation contradictoire, elle ne datera que *ut ex nunc*. Cela nous paraît incontestable au cas de représentation dans les cinq années depuis l'exécution. Mais quand même ce délai aurait été dépassé, l'opinion de Pothier nous semblerait encore préférable; car elle est conforme aux stricts principes du droit sur cette matière, et de plus elle est favorable au condamné.

Enfin si le condamné par contumace laisse s'écouler un délai de trente années, il a prescrit sa peine, qui ne peut plus être exécutée sur sa personne; mais la mort civile qui a été encourue depuis l'exécution par effigie est conservée et toutes les incapacités qu'elle produit. Telle était la jurisprudence du parlement de Paris.

105. Sous la législation intermédiaire, le condamné avait vingt ans pour purger sa contumace; quant à la mort civile, elle était encourue immédiatement, du moment de l'exécution; mais la représentation du condamné avant l'expiration des vingt années lui rendait la vie civile rétroactivement, il était censé ne l'avoir jamais perdue (1).

Cette règle était sans doute conforme aux principes de la procédure, qui veulent que tant qu'un jugement n'est pas réformé il produise ses effets; mais il en résultait de graves inconvénients, à cause de l'incertitude pour les droits échus dans l'intervalle, et qui avaient été recueillis par d'autres à défaut du contumax. Ces droits restaient *in suspenso*, demeurant à ceux qui les auraient re-

____

(1) Ainsi jugé par la cour de cassation par arrêt du 2 avril 1844.

cueillis si le condamné restait en état de mort civile ; devant lui être restitués, s'il venait purger sa contumace ; aussi le Code a-t-il dû s'éloigner de cette doctrine.

106. *Les condamnations par contumace n'emportent la mort civile qu'après les cinq années qui suivront l'exécution du jugement, et pendant lesquelles le condamné peut se représenter* (art. 27). Les rédacteurs du Code avaient d'abord admis le principe de l'ancienne législation sous le rapport de la contumace, et voulaient laisser dans l'incertitude l'état du condamné ; mais, après de longues discussions, on introduisit le délai de cinq ans, non pas comme terme fatal pour priver le condamné du bénéfice d'un nouveau jugement, mais comme faisant encourir à tout événement la mort civile, qui, dès lors, ne peut plus cesser que pour l'avenir.

Il faut examiner quel sera l'état du condamné pendant cette période, qui commence au jour de l'exécution et finit par la représentation du condamné en justice, ou sa mort avant l'expiration du délai de cinq années, ou par l'expiration de ce délai.

Quelques mesures coercitives sont prises contre l'accusé contumax, même avant la condamnation. Ses biens sont mis sous le séquestre , il est suspendu de ses droits de citoyen, et toute action en justice lui est interdite (1).

---

(1) Art. 465 Code d'instruction criminelle.

Les condamnés par contumace seront, pendant les cinq ans, ou jusqu'à ce qu'ils se représentent, ou qu'ils soient arrêtés pendant ce délai, privés de l'exercice des droits civils (art. 28).

107. Remarquons d'abord que le condamné ne sera privé que de l'exercice des droits civils ; mais il conservera la jouissance de ces droits. Ainsi, dans cet état d'interdiction légale, il pourra recueillir une succession. Mais ceux qui l'auraient recueillie à son défaut peuvent contester son existence ; ce sera alors à l'administration des domaines à en fournir la preuve ; car on ne peut certainement le présumer de plein droit vivant pendant les cinq ans qui suivent la condamnation (1). Il ne pourra agir en justice, et le domaine aura seul qualité pour le représenter dans une action, sans qu'il y ait lieu à nomination d'un curateur (2).

M. Valette pense que le condamné contumace pourra exercer tous les droits qui ne peuvent l'être en son nom par la régie des domaines, et qui seraient anéantis, si on lui en enlevait l'exercice, par exemple celui de tester ou de se marier. Mais cette opinion, qu'il ne propose du reste, dit-il, qu'avec une extrême défiance, ne saurait être admise en présence du texte de l'art. 28.

---

(1) Ainsi jugé par la Cour de cassation par arrêt du 23 mars 1841.

(2) Ainsi jugé par la cour de Montpellier par arrêt du 19 mars 1836.

« Ce serait là, répond M. Demante, renverser
« le principe de la loi, qui commence par priver
« généralement le condamné de l'exercice des
« droits civils, et ne lui en laisse par conséquent
« la jouissance que tout et autant qu'il s'agit de
« droits susceptibles de s'exercer par représen-
« tants. »

Le mariage du contumax, pendant cette première période, est défendu, car il est considéré
maintenant comme un pur lien civil ; cependant,
s'il avait été célébré, il ne serait pas annulé.
L'annulation d'un mariage est une chose grave et
qui ne peut avoir lieu que dans les cas spécialement déterminés par la loi ; et nulle part la loi
n'a donné l'état de contumace comme un empêchement dirimant ; ce sera simplement un empêchement prohibitif.

Quant au testament, nous le rangerons dans la
même catégorie que les actes faits par le condamné dans cette période.

Les effets de l'interdiction légale devront se
borner au cas où la mort civile sera encourue
pour le condamné par l'expiration du délai de
cinq années accordé par l'art. 27. Tous les actes
faits par le contumax que la mort civile vient
frapper sont nuls de plein droit, l'interdiction
qui le défendait n'ayant cessé que pour faire place
à une incapacité plus grande encore. La cour de
Paris (1) cependant a jugé que le testament fait

____

(1) Arrêt du 13 juin 1813.

pendant le délai de grâce est valable si l'accusé meurt après un arrêt d'acquittement intervenu par suite de sa représentation après ce délai, et cela en vertu de la règle : *Tempora intermedia non nocent*.

103. Mais si le condamné se représente en justice avant l'expiration du délai de cinq ans, le jugement par contumace est anéanti de plein droit, rétroactivement, et avec lui l'interdiction et toutes les conséquences qu'elle avait produites. Le contumax est regardé comme ayant toujours joui de la plénitude de ses droits, en telle sorte que les actes qu'il a faits n'étaient nuls qu'en apparence, et se trouvent par l'événement avoir été valables.

M. Marcadé, qui combat cette doctrine, accorde qu'elle serait juste si la privation des droits civils était une conséquence de la condamnation par contumace ; mais, dit-il, il n'en est pas ainsi : cette privation, comme on le voit par l'art. 465 du Code d'instruction criminelle, a été la conséquence de l'ordonnance rendue par le président de la cour d'assises, conformément à cet article.

Ce n'est pas en vertu de cet art. 465 que la privation des droits civils est infligée au contumax, mais en vertu de l'art. 28 du Code Napoléon. L'art. 465, en effet, ne dispose que pour le temps qui précède le jugement ; et de plus, l'accusé, dans la position où le met cette ordonnance, n'est privé que de *l'exercice des droits de citoyen* et *du droit d'ester en justice* ; il y a loin de là à l'interdiction légale dont parle l'art. 28, et qui résulte de la condamnation. Enfin, est-ce comme punition de la contumace que la loi prononce cette privation des droits civils? N'est-ce pas plutôt pour forcer le condamné à se représenter? Telle est notre opinion; et alors, en même temps que l'on met le condamné en état d'interdiction légale, il faut donner à sa représentation en justice autant d'avantage que possible.

Concluons donc que les actes faits par le condamné pendant la contumace reprendront toute leur force par suite de l'anéantissement du jugement.

La même décision sera applicable, à plus forte raison, au cas de l'art. 31, où le condamné serait mort dans le délai de grâce de cinq années sans s'être représenté. Le texte est plus explicite encore que celui de l'art. 29; il ne dit pas seulement que le jugement sera anéanti de plein droit, mais il dit que le condamné sera *réputé mort dans l'intégrité de ses droits*. Faut-il faire ici cette distinction, un peu subtile, entre *l'intégrité de jouissance* et *l'intégrité d'exercice* des droits civils? Il semble que le seul mot *intégrité de ses droits* comprend les deux idées. Si cependant on admettait que le Code ne voulût parler que de l'intégrité de jouissance, la disposition de l'art. 31 reviendrait à celle-ci : *Si le condamné par contumace meurt...... il sera réputé mort dans l'état où il se trouvait au moment de sa mort.*

Nous préférons donner un sens raisonnable à l'art. 31, d'autant plus que notre explication est favorable au contumax. Qui donc pourrait invoquer un jugement anéanti de plein droit et rétroactivement, pour prétendre que le contumax était privé de l'exercice de ses droits civils? Ce jugement n'existe plus; il est considéré comme n'ayant jamais existé, même au sujet des réparations civiles qu'il prononçait.

A l'égard de ces réparations, si le contumax s'est représenté, la partie civile devra formuler de nouveau sa demande de dommages-intérêts; si le contumax est mort, ses héritiers pourront être poursuivis, mais par action civile seulement. Il en sera de même des frais de la contumace, qui seront payés soit par l'accusé soit par ses héritiers.

99. Sous la législation intermédiaire les biens des contumax étaient séquestrés au profit de l'État, avec acquisition irrévocable des fruits jusqu'à la comparution, la mort prouvée, ou l'expiration d'un délai de cinquante années depuis la condamnation, sauf seulement pour les héritiers le droit d'obtenir, après un délai de vingt ans, l'envoi en possession provisoire (1).

L'art. 28 du Code Napoléon dérogea à ce système de séquestre, et ordonna l'administration des biens en cas de contumace comme en cas d'absence. Un avis du conseil d'État du 20 septembre 1806 combina cette disposition avec le Code de brumaire, encore en vigueur. Il reconnaissait

____

(1) Code du 3 brumaire an IV, art. 464, 473, 478, 482.

aux héritiers présomptifs le droit de se faire envoyer en possession provisoire, sauf, jusqu'à cet
envoi, le maintien de la gestion et administration au profit de l'État.

Il en serait encore de même si le Code d'instruction criminelle n'était venu déroger en partie
à l'art. 28. L'art. 471 nous dit que, si le contumax est condamné, ses biens seront, à partir de
l'arrêt, considérés et régis comme biens d'absents,
et que le compte du séquestre sera rendu à qui
il appartiendra après que la condamnation sera
devenue irrévocable par l'expiration du délai
donné pour purger la contumace. Ajoutons que
le séquestre devra cesser aussi au moment où la
représentation en justice du condamné fera tomber le jugement de condamnation.

Dans tous les cas de contumace, que la condamnation soit ou non de nature à emporter la
mort civile, le séquestre, apposé à la suite de
l'ordonnance du président de la cour d'assises
(art. 465, C. d'instr. crim.), continuera après
l'exécution de l'arrêt (art. 471) avec cette différence toutefois que, pendant le premier séquestre,
les biens seront administrés par l'État, il est vrai,
au profit du condamné, au lieu que, pendant le
second, les droits du domaine seront les mêmes
que ceux de l'envoyé en possession provisoire en
cas d'absence. Ainsi le fisc aura le droit, en ren-
dant le compte du séquestre, de retenir, aux
termes de l'art. 127, les quatre cinquièmes des
revenus.

Les biens du condamné par contumace, quoique sous le séquestre, n'en seront pas moins sa propriété, et, par conséquent, le gage commun de tous ses créanciers, qui pourront exercer leurs droits sur eux.

Le fisc devra sur les biens séquestrés des aliments aux parents du condamné qui en auraient besoin; mais le condamné lui-même ne pourra ni en demander ni en recevoir. Le séquestre étant apposé pour empêcher qu'on ne lui fasse passer aucune partie de ses revenus, et, par ce moyen, le forcer à se représenter en justice, ce but ne serait pas atteint s'il lui était permis de recevoir quelque chose, même à titre d'aliments.

110. Si le condamné se constitue prisonnier, ou s'il est arrêté avant la prescription, l'art. 476 du Code d'instruction criminelle dit textuellement que le jugement de condamnation est anéanti de plein droit. Cependant quelques auteurs pensent que si le contumax, que sa représentation remet à l'état de simple accusé, vient à s'évader, le délai de grâce de cinq années partira de l'exécution du premier arrêt, sans qu'il faille donner aucun effet à la représentation. Peut-être cette décision devrait-elle être adoptée si nous avions à refaire la loi; mais il nous semble que l'arrêt étant complétement anéanti par la représentation, un fait postérieur, si défavorable qu'il soit à l'accusé, ne peut faire revivre ce jugement sans que la loi l'ai dit, en présence surtout de l'art. 29, qui ne donne pas cet effet à une seconde

condamnation à une peine emportant encore mort civile.

Mais il faudra, pour que la représentation ou l'arrestation anéantisse complétement le jugement, que l'instruction soit déjà commencée; il en serait autrement si le condamné arrêté parvenait à s'évader immédiatement; l'arrestation momentanée d'un individu ne peut, en effet, être considérée comme une représentation en justice.

III. Pour nous résumer, pendant cette première période le condamné se trouve en état d'interdiction légale; un empêchement prohibitif s'oppose à son mariage; la validité de tous les actes qu'il aura faits dépendra de l'événement qui mettra fin à cette période. Ses biens seront sous le séquestre et administrés par la règle d'après les mêmes règles que ceux des absents. Trois événements pourront terminer cette période : la mort ou la représentation en justice du condamné avant l'expiration du délai de cinq ans depuis l'exécution du jugement, ou bien l'expiration même de ce délai de cinq ans. Les deux premiers événements anéantissent complétement le jugement par contumace, et toutes les conséquences qu'il aura pu produire. Quant au dernier, il ouvre la deuxième période de la contumace.

Par le seul effet de l'expiration du délai de grâce de cinq années accordé au contumax, la mort civile est encourue, l'art. 27 est formel, et les effets qu'elle produira seront irrévocables quoique la représentation en justice du contumax fasse tomber le jugement de condamnation à partir de ce moment même. Dans ce cas le jugement conservera pour le passé les effets que la mort civile aura produits dans l'intervalle écoulé depuis l'expiration des cinq années jusqu'au jour de la comparution de l'accusé en justice (art. 476, Code d'inst. crim.). Par conséquent, à partir de cette comparution, le contumax redevenu simple accusé reprendra la plénitude de la vie civile.

112. L'art. 30 du Code Napoléon ne parle que du cas où, par le second jugement, le contumax aurait été absous ou condamné à une peine n'emportant pas mort civile ; il faut donner la même décision, *a fortiori*, en cas d'acquittement.

Si le second jugement condamne à une peine emportant mort civile, quelques auteurs décident que la mort civile doit être *réputée* n'avoir pas cessé un instant. L'emploi seul de ce mot *réputée* indique que ce serait par une fiction que le second jugement rétroagirait ainsi, et la loi seule peut établir une fiction. D'après l'art. 30, dit-on encore, la vie civile sera rendue au contumax quand il y aura jugement d'acquittement, donc elle ne le sera pas quand il y aura jugement de condamnation. Cet argument aurait quelque force si notre article avait un autre but que de bien déterminer le moment où recommencera la vie civile par la représentation du condamné, et de déroger à l'ancien droit en déclarant la mort civile complétement irrévocable. Cet art. 30 ne peut servir à la solution de notre question, et il faut s'en tenir à l'application des principes généraux.

Nous croyons qu'à plus forte raison, si le condamné qui ne s'est représenté qu'après ce délai de cinq ans vient à mourir avant le deuxième jugement, il est véritablement mort dans l'intégrité de ses droits.

Cette mort civile résultant du défaut de comparution dans le délai de grâce produira les mêmes effets que la mort civile résultant de l'exécution d'une condamnation contradictoire, à moins que la loi n'y ait expressément dérogé.

Il ne se présente de questions à ce sujet que relativement à la succession et au mariage du contumax.

113. Quelques auteurs pensent que l'art. 471 du Code d'instruction criminelle est venu déroger aux principes sur la mort civile établis par le Code Napoléon. *Le compte du séquestre*, y est-il dit, *sera rendu à qui il appartiendra, après que la condamnation sera devenue irrévocable par l'expiration du délai donné pour purger la contumace.* Ce délai est de vingt ans; le séquestre, par conséquent durera vingt années, et les biens ne seront remis aux héritiers qu'après ce temps écoulé; si donc le contumax rentre dans la vie civile, sa succession n'ayant été dévolue à personne il rentre dans la propriété de ses biens.

On pourrait raisonner ainsi si l'art. 471 se trouvait au titre qui s'occupe de la mort civile, mais le législateur traite, dans le titre où il est placé, de la contumace en générale, et, le cas de condamnation à une peine emportant mort civile étant le plus rare, il n'a pas songé que dans ces circonstances spéciales le séquestre ne durerait que cinq années.

Nous voyons même, cinq articles plus loin, qu'on n'a pas eu l'intention de déroger aux principes établis dans le Code Napoléon. L'art. 476, après avoir dit que la représentation du contumax dans le délai de vingt ans fait tomber complétement le jugement de condamnation, a bien soin d'ajouter que dans le cas particulier de mort civile, le jugement conservera pour le passé les effets que la mort civile aura produits, nonobstant la comparution en justice du contumax. En conséquence, à l'expiration du délai de cinq années depuis l'exécution par effigie, la succession du condamné sera déclarée ouverte, et définitivement remise à ses héritiers, sans attendre que la condamnation soit devenue complétement irrévocable.

114. Quant au mariage du contumax, la question demande une discussion plus approfondie.

D'après l'art. 25, la mort civile dissout le mariage du condamné ; d'après l'art. 27, la mort civile est encourue, en cas de condamnation par contumace, après les cinq années qui suivent l'exécution du jugement ; donc, à l'expiration de ces cinq années, le mariage du contumax est dissous.

L'art. 227 ne présente qu'une erreur de rédaction. Il est impossible de croire que l'on ait entendu soumettre le sens de cet article aux dispositions du Code d'instruction criminelle, qui n'existait pas encore, même en projet. On a voulu se reporter aux textes de la mort civile, dont les dispositions sur cette matière ne présentent aucune incertitude. L'intention du législateur a été de dire que le mariage serait dissous par la mort civile.

Ces arguments semblent concluants, et cependant nous croyons devoir adopter l'opinion contraire.

Il est évident que si aucune disposition postérieure aux art. 25 et 27 n'était venue s'occuper du mariage du mort civilement, il n'y aurait pas de discussion possible. Mais cette disposition postérieure se trouve dans l'art. 227, dont le texte et l'esprit viennent déroger aux principes généraux établis précédemment.

Le mariage se dissout... par la condamnation devenue définitive de l'un des époux, à une peine emportant mort civile (art. 227). Il faut une condamnation *devenue définitive*; ce caractère existe-t-il dans la condamnation par contumace après le délai de grâce de cinq années? Est-elle définitive, cette condamnation qui peut cesser par un simple fait volontaire de la part du condamné? La condamnation n'est définitive que quand aucun acte judiciaire ne peut la faire tomber. Et qu'on ne dise pas, en répondant à cet argument, que,

« pour être conséquent avec cette manière d'in-
« terpréter l'article, il faudrait dire : En cas de
« condamnation contradictoire, c'est après les
« trois jours accordés pour se pourvoir en cassa-
« tion que la condamnation est définitive; donc,
« c'est après ces trois jours que le mariage du
« condamné est dissous (1). » Le législateur en
effet n'a pas pu vouloir que la dissolution du mariage précédât la mort civile.

Si les rédacteurs du Code ont voulu se reporter,
pour cet art. 227, aux textes de la mort civile,
pourquoi donc se sont-ils servis de cette circonlocution si obscure, *la condamnation devenue définitive à une peine emportant mort civile?* N'aurait-
il pas été plus simple de dire *la mort civile?*

Les rédacteurs du Code, dit-on, n'ont pu entendre soumettre le sens de cet article aux dispositions du Code d'instruction criminelle, qui
n'existait pas même en projet ; mais la nécessité
de ce Code existait dans la pensée de tous. Personne ne doutait qu'il ne fût nécessaire de sus-
pendre, pendant un certain temps, l'effet des
condamnations par contumace. Quel serait le délai
accordé au contumax, on ne pouvait le savoir ;
mais, quel que fût celui qui devait être adopté
dans la suite, on ne voulait pas que le lien du
mariage, qu'il est si important de ne pas dissoudre
à la légère, pût être brisé par une condamnation
qu'il était si facile de faire tomber.

------

(1) M. Marcadé, art. 217.

Si l'art. 227 ne parle pas de la mort civile résultant de condamnations contradictoires, c'est qu'il ne pouvait y avoir aucun doute à ce sujet après la disposition de l'art. 25, et que le législateur était uniquement préoccupé du cas de contumace.

Cet article veut donc dire que le mariage se dissout par la mort naturelle ou civile de l'un des conjoints, sauf le cas de mort civile résultant de condamnation par contumace, auquel cas le mariage n'est dissous que quand la mort civile est devenue irrévocable (1).

115. Nous avons vu que les individus en état de mort civile pouvaient recevoir et même exiger en justice des aliments; il faut en excepter le cas du contumax mort civilement. La justice, en effet, ne pouvait accueillir une action tendant à aider un criminel à braver les condamnations prononcées contre lui; mais une fois la prescription de la peine acquise au condamné, celui-ci pourra demander des aliments.

116. La résurrection civile opérée pour le condamné par sa représentation en justice ne fait pas revivre en sa faveur l'usufruit que la mort civile avait éteint définitivement.

Mais en sera-t-il de même de l'usufruit légal? En faveur de la négative, on peut dire que, par la mort civile, les droits des tiers ont été ouverts;

---

1) Cette question a été décidée dans le même sens par un célèbre arrêt de la cour d'Angers du 21 août 1810, confirmée en cassation le 31 juillet 1830.

que la restitution n'y peut rien changer, et que les enfants ont repris les biens d'une manière absolue. Selon nous, au contraire, le père, en reprenant la puissance paternelle, reprend le droit d'usufruit légal qui en est la conséquence ; « c'est « une sorte de traitement attaché à la magistra- « ture domestique de celui qui exerce la puis- « sance paternelle » (Proudhon). Il doit donc renaître en même temps que cette puissance. Il en serait ainsi, quand même la mère aurait eu, pendant la mort civile du père, et la puissance paternelle, et l'usufruit légal.

117. La seconde période de la contumace a commencé à l'expiration du délai de cinq années depuis l'exécution par effigie ; elle se termine, soit par la représentation ou l'arrestation du contumax : la condamnation tombe alors, la mort civile cesse, mais les effets qu'elle a produits sont irrévocables, soit par la mort du contumax : il décède alors en état de mort civile ; soit enfin par l'expiration d'un délai de vingt années depuis le jour de la condamnation : c'est à ce moment que commence la troisième période.

Si, pendant vingt ans depuis le jour de la condamnation, le contumax a refusé de comparaître en justice et a réussi à se dérober à ses recherches, il a prescrit contre la société le droit d'être poursuivi et puni ; mais, réciproquement, la société a prescrit contre lui le droit de se faire juger contradictoirement. L'arrêt de condamnation subsiste avec toute sa force, et constitue désormais irrévocablement la présomption légale qui s'attache à la chose jugée.

La mort civile, encourue depuis l'expiration de la première période, n'est pas prescrite; le condamné vit libre, mais en état de mort civile, irrévocable judiciairement; le recours seul à la faveur de l'empereur lui reste pour rentrer dans la vie civile.

Nous ayons discuté toutes les questions qui peuvent se présenter relativement à la mort civile; il faut examiner maintenant, non plus en détail, mais d'une vue d'ensemble, non plus en légiste, mais en législateur, les effets de cette institution; et ces effets, nous ne craignons pas de le dire, sont désastreux.

Hâtons-nous d'abord de blâmer cette expression de mort civile, *expression violente et haineuse*, comme dit M. Valette, qui promet plus qu'elle ne peut tenir; on voudrait considérer l'homme comme mort, et l'on s'appuie sur cette fiction pour déclarer le mariage dissous, la succession ouverte; et en même temps on est contraint d'admettre que le condamné existe, qu'il peut vendre, acheter, plaider, recevoir des aliments.

Presque tous les publicistes ont blâmé la mort civile, et, pour en citer un seul, qu'il nous soit permis de rappeler en quels termes un des plus éminents d'entre eux, autrefois professeur de cette faculté, M. Rossi, de regrettable mémoire, qualifiait cette institution : « Nous n'insisterons pas « sur l'immoralité de la peine que l'on appelle la « mort civile; de cette peine qui frappe directe- « ment et essentiellement les non-coupables, qui « attache à une fiction les conséquences les plus « déplorables, et par laquelle on décide qu'a « cessé d'être père, fils, mari, parent, celui qui « en dépit de toutes les aberrations humaines « n'en est pas moins père, époux, fils, parent, « ayant, comme tel, des liens naturels, des de-

« voirs et des droits, qu'aucune puissance ne sau-
« rait détruire ni légitimement paralyser. La
« mort civile, que des hommes, se croyant sa-
« vants parce qu'ils jouent sur les mots, ne veu-
« lent pas appeler une peine, mais seulement la
« conséquence d'une peine, est dans nos législa-
« tions modernes un de ces grands anachronismes
« qui doivent mettre les critiques en grande dé-
« fiance d'eux-mêmes, lorsqu'ils essaient de dé-
« terminer la date d'une loi d'après la nature de
« ses dispositions. Qui pourrait croire que le
« titre Ier du *Code civil français* a été promulgué
« au commencement du XIXe siècle, quinze ans
« à peine après 1789 (1). »

Sans vouloir nous associer complétement aux
expressions de M. Rossi, nous dirons cependant
avec lui qu'en effet la mort civile est une peine.
Si, de même que l'exposition, elle ne figure pas
dans l'énumération des peines, c'est qu'elle n'est
pas prononcée directement, c'est qu'elle ne consiste pas dans un fait matériel; c'est une peine,
accessoire il est vrai, mais réellement une peine.
Punir, c'est enlever un bien, c'est infliger un mal;
et il n'est pas besoin de prouver que la mort civile
a ces deux caractères. Et de plus la dégradation
civique, qui n'est qu'une privation partielle des
droits politiques, civils et de famille, est une peine
aux yeux de tout le monde; à plus forte raison

---

(1) M. Rossi, Traité du droit pénal.

en sera-t-il de même de la mort civile, qui entraîne la privation totale de tous ces droits.

La mort civile est une peine, il faut donc examiner ce qu'elle vaut en tant que peine. Une peine doit être divisible, avoir un *maximum* et un *minimum*, être égale, personnelle, morale, exemplaire. La mort civile n'a aucun de ces caractères.

La culpabilité d'un criminel peut varier par suite d'une multitude de circonstances que le législateur ne peut saisir et déterminer à l'avance ; aussi, dans l'application des peines, une certaine latitude a-t-elle été laissée aux magistrats par la fixation d'un *maximum* et d'un *minimum*, qu'ils ne peuvent dépasser ; mais toute latitude leur est laissée dans ces limites. Il est évident que cette possibilité de graduer la peine manque absolument dans le cas de mort civile.

La mort civile est une peine inégale ; qu'importe en effet au criminel de profession qui n'a ni famille, ni patrimoine, que l'on dissolve son mariage, que l'on ouvre sa succession ? Il ne s'apercevra seulement pas de la peine qui l'a frappé. Mais l'homme qu'un instant d'égarement ou que l'enthousiasme politique aura porté au crime, qui cependant conserve encore des sentiments d'honneur, des liens de famille, cet homme sera frappé par la mort civile du châtiment le plus cruel qu'il soit possible d'imaginer. Et alors, bien loin d'être égale, cette peine agira en sens inverse de la perversité du condamné.

La mort civile ne frappe pas le condamné

seul, elle étend ses effets à son conjoint innocent. Le mariage est dissous, et si le conjoint, obéissant à la morale et à sa conscience, continue la cohabitation avec le mort civilement, aux yeux de la loi, mais à ses yeux seulement, ce ne sera qu'un concubinage ne produisant aucun effet civil.

Est-elle morale, nous le demandons aussi, cette peine qui partage aux enfants la dépouille anticipée du père? L'opinion publique, en contradiction formelle avec la loi, flétrirait les enfants qui profiteraient de ce triste bienfait; et nous ne pouvons approuver une loi dont l'exécution stricte couvre de déshonneur celui qui s'en prévaut.

Enfin la mort civile est bien loin d'être exemplaire. Comprendrait-on qu'il puisse être arrêté par la crainte de la mort civile, celui que ne peuvent retenir sur le chemin du crime les peines perpétuelles auxquelles la loi a attaché cet effet? Et d'un autre côté, malgré toutes les incapacités que la mort civile produit, c'est une peine négative, tout à fait invisible, et qui ne frappe en rien les yeux du public.

Les deux vices capitaux de la mort civile sont l'ouverture de la succession du condamné et la dissolution de son mariage.

« Les effets de cette triste fiction, dit M. De-
« mante (1), sont bien plus révoltants, quand on
« les applique au mariage, à cette institution

____

(1) Rapport à l'Assemblée législative, sur la proposition de MM. Wallon et Schœlcher.

« fondée par Dieu lui-même à l'origine du monde,
« que le législateur humain peut bien régle-
« menter, mais dont il ne peut altérer les prin-
« cipes ni les conditions essentielles. »

Un seul auteur, nous le croyons du moins, a eu
le triste courage de défendre la mort civile à ce
dernier point de vue et d'approuver la dissolution du mariage du mort civilement, et il finit en
s'écriant : « Malheur à l'État où les lois de la
« conscience sont en opposition avec la législa-
« tion civile (1) ! »

Mais est-ce donc à la conscience, à la religion,
à se mettre d'accord avec les lois humaines, et ne
pourrions-nous pas dire bien plutôt : Malheur à
l'État où la législation civile est en opposition
avec les lois de la conscience !

Certes, à notre avis, l'homme dans ses lois doit
avant tout se conformer à la loi chrétienne, à la
loi catholique, à cette loi « tellement imprégnée
« des principes de la justice qu'elle donne le
« simple nom de *juste* à son divin fondateur. Une
« telle loi ne peut émaner que de Dieu même :
« elle est la véritable loi, la loi par excellence.
« Le magistrat peut l'accepter sans crainte comme
« principe infaillible des législations humaines,
« comme la conscience de la conscience, la raison
« de la raison : *lumen de lumine* (2). »

____

(1) Desquiron, de la mort civile, n° 413.

(2) Discours de rentrée, prononcé en 1832 par M. Mongis,
avocat général à la cour impériale de Paris.

La mort civile est tellement contraire à notre civilisation que dans aucun État de l'Europe elle ne se trouve établie telle qu'elle existe en France. Parmi les pays où elle avait été introduite avec le Code civil français, la Belgique et les Pays-Bas l'ont formellement abolie. Dans les Deux-Siciles et la Sardaigne elle n'a été conservée qu'avec des modifications; ainsi, en Sardaigne, la mort civile n'exerce aucune influence sur le mariage du condamné. Le nouveau Code pénal du grand-duché de Bade a abrogé implicitement la mort civile. La Bavière est le seul des États allemands qui ait admis la mort civile; elle y est encourue comme complément de la peine des fers. En Angleterre et dans le nord de l'Europe, la mort civile est inconnue.

Lors de la révision du Code pénal, en 1832, on pensa à supprimer la mort civile; mais on ne voulut pas, à propos d'une réforme pénale, modifier une matière qui, par la place qu'elle occupait dans le Code, devait être considérée comme appartenant au droit civil. M. Barthe, alors garde des sceaux, promit de présenter, à une prochaine session de la chambre, une loi qui supprimerait la mort civile. Cette promesse ne fut pas réalisée.

En 1834, MM. Taillandier et Devaux proposèrent l'abolition de la mort civile, mais la chambre refusa de passer à la discussion des articles.

Une proposition fut déposée dans le même but, en 1851, à l'assemblée législative par MM. Wallon et Schœlcher. Les conclusions de la commission, le choix de son rapporteur, montraient la faveur avec laquelle cette proposition avait été accueillie, et pouvaient faire espérer que nous verrions enfin disparaître de nos lois cette institution si décriée. La dissolution de l'assemblée législative a empêché la discussion d'avoir lieu, et la mort civile existe encore en France. Déjà, cependant, un grand pas a été fait par la loi du 8 juin 1850; espérons que le gouvernement achèvera l'œuvre commencée, et présentera un projet de loi sur cette importante question.

Il serait téméraire à nous de décider par quelles dispositions on pourrait remplacer, dans nos lois, la mort civile. Il vaut mieux nous en rapporter aux lumières d'un homme qui, professeur et législateur, a pu apprécier en théorie et en pratique les différents systèmes qui ont été présentés, et proposer, avec M. Demante, la dégradation civique et l'interdiction légale, dont les effets sont déjà déterminés par nos lois (1).

----

(1) Projet de loi présenté à l'assemblée législative, par M. Demante, rapporteur de la commission, art. 1 et 2.

PRINCIPALES QUESTIONS RÉSOLUES DANS CETTE THÈSE.

DROIT ROMAIN.

I. Les donations par acte entre-vifs sont permises à l'individu qui a encouru la *maxima* ou la *media capitis deminutio* (n° 17).

II. Le legs fait *in singulos annos, menses, vel dics*, ne peut être réclamé par le légataire qui a encouru la *maxima* ou la *media capitis deminutio* (n° 24).

III. Les condamnations par contumace à des peines capitales ne sont pas permises (n° 97).

DROIT FRANÇAIS.

I. La mort civile n'est encourue que du moment de l'exécution du jugement (n° 67).

II. Le mort civilement peut contracter un mariage religieux (n° 72).

III. Les enfants issus du mariage putatif succéderont même au mort civilement (n° 73).

IV. Le mort civilement peut recevoir et consentir des hypothèques (n° 80).

V. Le mort civilement ne peut compromettre (n° 81).

VI. C'est l'indignité du condamné qui fait annuler le testament fait avant la mort civile (n° 87).

VII. Les actes faits par le contumax pendant le délai de grâce seront valables, nonobstant l'interdiction, si le contumax se représente en justice ou vient à mourir dans ce délai (n° 108).

VIII. La succession du contumax sera ouverte à l'expiration du délai de grâce de cinq années (n° 113).

IX. Le mariage du contumax ne sera dissous qu'à l'expiration du délai de vingt années depuis la condamnation (n° 114).

QUESTIONS GÉNÉRALES.

DROIT ROMAIN.

I. Le fidéjusseur qui a empêché l'accomplissement de l'obligation en anéantissant l'objet dû, sera tenu envers le créancier par l'action *ex stipulatu*.

II. Le pupille est obligé naturellement au paiement d'une dette, quand même elle ne lui aurait profité en rien.

III. L'accession est un moyen d'acquérir la propriété.

IV. Le mariage est un contrat réel qui n'existe que par la tradition.

V. Le lien de l'affinité était dissous par la *media capitis deminutio*.

DROIT CIVIL FRANÇAIS.

I. Les enfants renonçants ne sont pas comptés pour la fixation de la réserve.

II. L'époux séparé de corps pour cause d'adultère peut se marier à son complice après la mort de son conjoint.

III. La donation pour cause de mort n'est interdite que quand elle réunit les caractères qu'avait cette donation en droit romain.

IV. Le jugement, passé en force de chose jugée, qui condamne le successible en qualité d'héritier pur et simple, peut être invoqué par tous ceux qui y ont intérêt.

DROIT CRIMINEL.

I. Les condamnations pour crime militaire n'emportent pas la mort civile.

II. L'exposition ne pouvait être considérée comme un commencement d'exécution de la peine.

III. L'aggravation de la peine contre l'auteur principal, par suite de circonstances à lui personnelles, ne sera pas appliquée au complice.

DROIT PUBLIC.

I. L'étranger pourra encourir la mort civile,

par suite de condamnations prononcées contre lui en France.

II. Le droit de prononcer l'amnistie appartenait au roi comme celui de faire grâce.

Vu par le Président de la thèse,
DEMANTE.

Vu par le Doyen,
C.-A. PELLAT.

Permis d'imprimer:
Le Recteur de l'Académie de la Seine,
CAYX.
Le 28 décembre 1852.

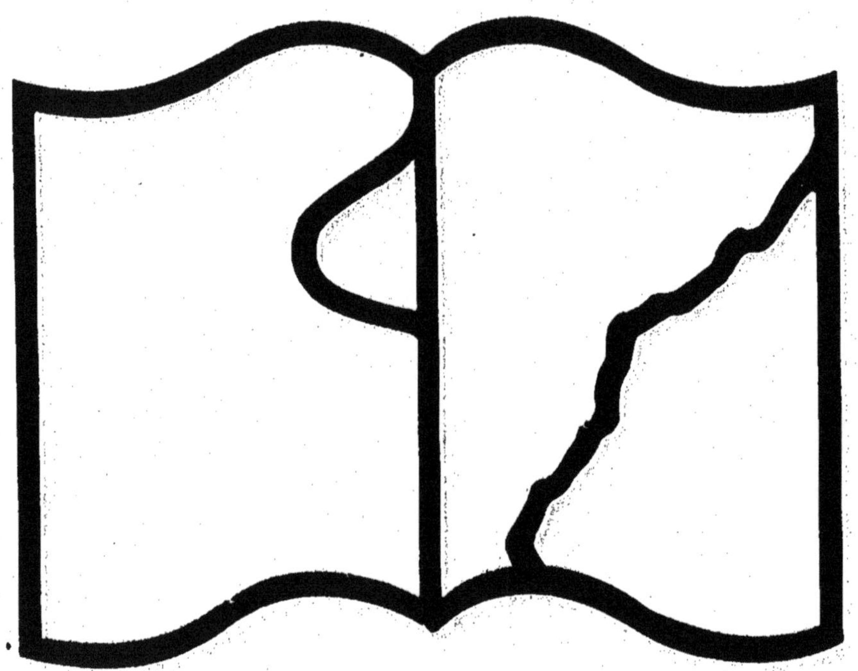

Texte détérioré — reliure défectueuse

NF Z 43-120-11